お客様が途切れない店はこうつくる！

1人のお客様が100回再来店する店づくり

Beauty
Wellness
Relaxation

石川 佐知子

同文舘出版

はじめに……エステティシャンという誇れる仕事に向かって

エステティックサロンの理想と現実

「自分のサロンに合ったお客様をどう集めたらいいかわからない」
「お客様が納得できる提案ができない」
「そもそもカウンセリングをどうやっていいのかわからない」
「お客様が求めている結果が出せない」
「お客様がリピートしてくれない」

エステティックの仕事に従事していて、こういった悩みをよく耳にします。エステティックや美容の仕事では、ただ単に技術が優れているだけではお客様は来店してくださいません。

サロンの数が増えるのに比例してお客様も増えればいいのですが、現実はそうはいきません。サロンを選ぶ選択肢が増えれば、繁盛しているサロンにお客様が偏り、お客様から選ばれないサロンはやがて経営難に陥り、閉店となってしまいます。

きっと誰もが自分の腕に自信を持ち、大きな夢と希望を抱いて独立を決意したと思います。しかし、いざ経営者となり店を持つと、「お客様が来ない」「お客様が定着しない」という現実に直面し、「こんなはずではなかった」と頭を抱えるのではないでしょうか。

それもそのはずです。資格がなくても比較的簡単に開業できるエステティックサロンは、想い描いていたような理想とは、現実がまったくかけ離れているのですから。

「結果が出ない」という壁を乗り越えるために

この仕事を選択したみなさんが最初に悩むことは、売上げが上がらない、利益が出ないといった、「結果が出ない」壁でしょう。

中には、初めから経営が順調にいく人もいるかもしれませんが、それはほんのひと握りにすぎません。ほとんどの人が壁を乗り越えられず、挫折してしまうのです。

以前の私がそうでした。経験から得た自信と夢と希望を持って、キラキラした目で開業したものの、数ヶ月後には切羽詰まった状況になり、日々不安に押しつぶされそうで心から笑うことができなくなってしまいました。苦しい、辛い、辞めたいという気持ちでいっぱいになり、背筋も曲がっていました。

社会人として一児の母として、毎日こんな表情をしていては、何ひとついいことはありません。「このままでは、お客様を引き寄せる力も運もみんな去って行ってしまう」。そんな瀬戸際の気持ちから、今まで教えてもらうことのなかった「売上げを上げる方法」について必死に学びました。

そこで身につけた気づきを1人でも多くの人に知っていただきたい、というのが本書を書いた動機です。少しでも、以前の私と同じように悩んでいる人、店を閉めようかと苦闘している人の力になれればという想いからです。

サロン経営に絶対必要な3つのこと

　さて、ご挨拶が遅れました。はじめまして、石川佐知子と申します。私は現在、茨城県つくば市でエステティックサロンとエステティシャンのプロ養成スクールを経営しています。

　マンションの一室で開業してから今年で8年目になります。不便な立地、定休日が日曜日でありながら、開業当初に比べ売上げは17倍になり、お客様定着率も94％となっています。さらに、1人のお客様が250回も再来店するといった記録も更新し続けています。今では、大企業から一般向け美容セミナーの講師のお声をかけていただけるようにもなりました。

　しかし、先にも述べましたが、開業したての頃はお客様もまばらで、準備していた開業資金も底をつき、資金繰りに大変な苦労をしました。もちろん、どん底の私にお金を貸してくれる銀行などありません。

　そんな暗闇の中を手探り状態で、「何か売上げを上げる方法があるはずだ」といろいろな本を読みあさり、セミナーに参加し、自分が納得できる方法を実践し、成功しているサロンの真似をし……様々な試行錯誤を繰り返しました。

　そして、ある大事なことに気づいたのです。それは、サロン経営のコツは才能ではなく、**「プロとしての知識」「カウンセリング力」「提案力」**の3つの要素が絶対に必要だということです。

エステティシャンという誇れる仕事

では、どうやってサロンの売上げを17倍にまですることができたのか。スタッフを雇うまでに成長できたのか。マンションの一室から始めたサロンを、6年目にして3店舗にまで拡大できたのか。

そのノウハウと秘密を、事例を交えて惜しみなくさらけ出したのが本書です。エステティックサロン経営や接客に悩む方々の手助けができれば、というのが私の願いです。それが今まで私を支えてくださった方たちへの恩返しではないかと考えています。

「売上げが上がらない」という壁を乗り越えて、「自分の仕事を心から楽しむ」ことがいかに大切か、気がついて欲しいと思います。

この本を読み終えた後、あなたの行動力は加速するでしょう。その行動力で、今、目の前にある現実から「理想としている豊かな環境と運命」を実現し、手に入れてください。そして、エステティシャンという職業が、人々を幸せにする、誇れるやりがいのある仕事だと、10年後も、20年後も思っていただけたら幸いです。

2016年5月

石川佐知子

お客様が途切れない店はこうつくる！

1人のお客様が100回再来店する店づくり●もくじ

はじめに

1章 1人のお客様が何度も再来店する店はなぜ繁盛するのか

01 新規集客よりも既存客を大切にする理由 12
02 お客様が100回繰り返し来店する店にするには 17
03 ホームページだけでリピート客を集客する4つのコツ 22
04 顧客管理の意味を理解する 27
05 飽きさせないメニュー・サービスの4つの注意点 32
06 お客様が心を開きやすい環境を整える 38
07 価値観が同じお客様が集まる店のルール 43

2章

「尊敬される存在であること」が大事なお客様の心をつかむ

08 エステティシャンの役割を理解する …… 48
09 プロとしての知識がなければ悩みの原因はわからない …… 52
10 「エステティックサロンに通っても結果が出ないのよね」という声の正体 …… 56
11 知識がない人と知識がある人の違いとは …… 59
12 言葉で理由づけをすることが大切 …… 62
13 プロとしてのプライドを持つことが信頼を得る …… 65
14 なぜあの店は雰囲気のいい人ばかりなのか …… 69

3章

お客様の「こうなりたい」を叶えるカウンセリングの7つの成功法則

15 お客様の「これ」を知らなければ「こうなりたい」は実現できない …… 76
16 カウンセリングの組み立て方を知る …… 80
17 カウンセリングシートのつくり方 …… 85
18 お客様の心を開く「聴く力」とは …… 89

19 動機を探るカウンセリングでお客様の心の声をくみ取る …… 93
20 カウンセリングは笑顔よりも真剣な表情でメモを取りながら …… 97
21 お客様を洞察するために常に「なぜ？」を考える …… 100

4章

お客様の求めているものを引き出す接客法と会話術

22 自分が先にお客様を好きになることで好意が返ってくる …… 106
23 気持ちよく話せるように会話の主導権をお客様に渡す …… 109
24 雑談でお客様との心の距離を縮める …… 112
25 自分の価値を認めてくれる人には心を開きやすい …… 115
26 接し方と声かけでお客様の緊張を和ませるコツ …… 119
27 お客様の心理を理解して会話に活かす …… 122
28 接客の基本として心がける7つのキーワード …… 126

5章 悩みを解決して望みを叶える提案力を身につける

29 未来の自分をお客様にイメージしてもらう 130
30 お客様の悩みを1つ解決すると再来店のきっかけになる 133
31 お客様の「喜ぶこと」を提案し続ける 136
32 お客様自身が気づいていない潜在的な悩みを引き出す 140
33 自分に問いかけて自分勝手な思い込みを捨てる 143
34 提案が上手くいく人とそうでない人の違い 146
35 私の店の4つの再来店促進ツール 150

6章 大事なお客様の来店を維持するには

36 来店するとどんな得があるのか、サロンの価値を伝えよう 156
37 お客様が感じている自店の強みを知ろう 160
38 体質改善を目指すホームケアアドバイスの提案 163
39 次回の来店予約を80%確実にする方法 167

40 大切なお客様を意識的にえこひいきする …… 171
41 お客様が次回予約を決めるクロージング術 …… 175
42 とことん「ここまでしてくれるの!?」が私のサロン流 …… 178
43 小さな不満のタネとなるエステティックサロンでのNG集 …… 181

7章

サロン発展のためにスタッフ教育で一番大切なこととは

44 スタッフ育成のために「見て覚えろ」の時代は終わった …… 184
45 スタッフを輝かせながら成長させる秘訣 …… 187
46 たかがエステティシャン、されどエステティシャン …… 191
47 サロンの顔としてプロの自覚を持たせる …… 194
48 経営者は脇役、スタッフを主役に立てる …… 197
49 思いやる気持ちがあれば小さな感情にも気がつく …… 200
50 どんな望みも叶える「絶対の魔法」とは？ …… 203

カバーデザイン・ＤＴＰ　春日井 恵実

1章

1人のお客様が何度も再来店する店はなぜ繁盛するのか

01

新規集客よりも既存客を大切にする理由

3年間で90％の店は閉店してしまう

エステティックサロンは、大手からおうちサロンまで様々な形態がありますが、すべてを含めると、現在、約15万店ほどあります。２０１５年のコンビニの主要10社の店舗数が５万３０００店ほどなので、その3倍近くあるのです。

その中で、黒字経営をしているサロンはどのくらいあるでしょうか？　お客様が選ぶ選択肢が多くなっている中で、3年間、生き残っているサロンはどのくらいあるのでしょうか？

その割合は約10％というデータがあります。ということは、残念ながら90％は赤字で経営ができなくなり、3年以内に閉店してしまっているのです。

近隣サロンとの競争のために価格を安くしたり、新規集客のために多額の広告宣伝費をかけたり、オーバーワークで体調を崩したりといろいろな要因があると思いますが、これが現実なのです。ではどうすれば、安定したサロン経営ができるのでしょうか。

今すぐにでも赤字を脱却したい、宣伝費をかけずに集客したいならば、まずは今、来店されているお客様により真剣に徹底的に向き合ってください。

その理由は、**サロンの売上げの大半を占めているのは、固定客である約30％のお客様**だからです。このデータは、ＰＯＳレジや顧客管理システムで実際に調べてみると容易にわかります。もちろんＰＯＳレジがなくても、毎日数字と顧客名を記録していれば、誰がどれだけ売上げをつくってくださっているかわかるでしょう。

20人の固定客を大切にする

私のサロンの場合では、全体の売上げの80％を、固定客である20％のお客様が占めています。簡単に言えば、１０００万円の売上げのうち、８００万円は20人の固定客が貢献してくれていて、残りの２００万円を80人の新規客がつくってくれているということです。この**上位20人のお客様を大切にして、何度も再来店してくださるようにすれば経営は安定する**のです。

事実、私のサロンには１００回以上再来店してくださっているお客様が１００人以上います。最高リピートのお客様は、現時点で２５０回繰り返し来店されています。

繰り返しご来店くださるお客様は、コアなファンということになります。コアなファンとサロンの関係は、何度もお会いして信頼が深まり、安心感があり、尊敬されるような立場となっていきます。ここから口コミが増え、紹介率も自然と上がってくるのです。

紹介してくださるお客様も自信を持ってすすめてくれるわけですから、紹介されて初めて来店されるお客様も安心感があり、リピートしやすくなるのです。また、3ヶ月以内に5回以上続けて再来店してくださるお客様は、約90％が固定客になるといったデータもあります。

初めは1人のお客様から始まる

ただし、ここで注意していただきたいのは、**コアなファンは一気にはできない**ということです。ちょっと見渡せば、エステティックサロンやリラクゼーションサロンは巷にたくさん溢れているからです。すでに3年以上経営している安定したサロンから、自分のサロンにお客様が流れてくるといったことはほとんどない、と考えてください。

ですから、今来店されているお客様に焦点を当てていただきたいのです。そのお客様1人ひとりを手放さないように信頼関係を築いていって欲しいのです。

どの店もそうでしょうが、私のサロンでも初めは1人のお客様から始まりました。この1人のお客様を1回きりの来店にせず、次にも続くような接客サービスをし続けたからこそ、100回以上の再来店につながっているのです。

「既存客を大切にしています」と言うサロン経営者はたくさんいますが、はたしてどのくらい大切にしているのか疑問です。「初めてのお客様は10％オフにします」「初めての方には○○をサービスします」と謳っているサロンが圧倒的に多いからです。

これは既存客に対して失礼な対応だと思います。既存客には通常の料金やサービスを提示するのに対し、新規客には割引や付加価値があるのは明らかに不公平です。これでは既存客を大切にしているとは言えないでしょう。

大切にしなければならないのは、**サロンの売上げに貢献してくださっているお客様**です。新規客よりも、まず既存客を念頭に置かなければ、お客様は定着しません。個人サロンで新規集客に力を入れていては、これからの時代を生き残るのはむずかしいと思います。

驚異の売上げを上げているサロンで真っ先に紹介したいのは、東京・立川にあるエステサロン「ロズまり」さん。「ロズまり」さんは新規集客に力を入れるのをやめ、既存客を大切にして設立9年目の今でも売上げを更新し続けています。

「一生通い続けたいサロン」をコンセプトとして、これをしっかりとお客様に伝えるために、1人ひとりのお客様の悩みに真剣に向き合っているからこそ、サロンはいつもコアなファンで溢れかえっているのです。

いつもお客様で溢れる「ロズまり」さん

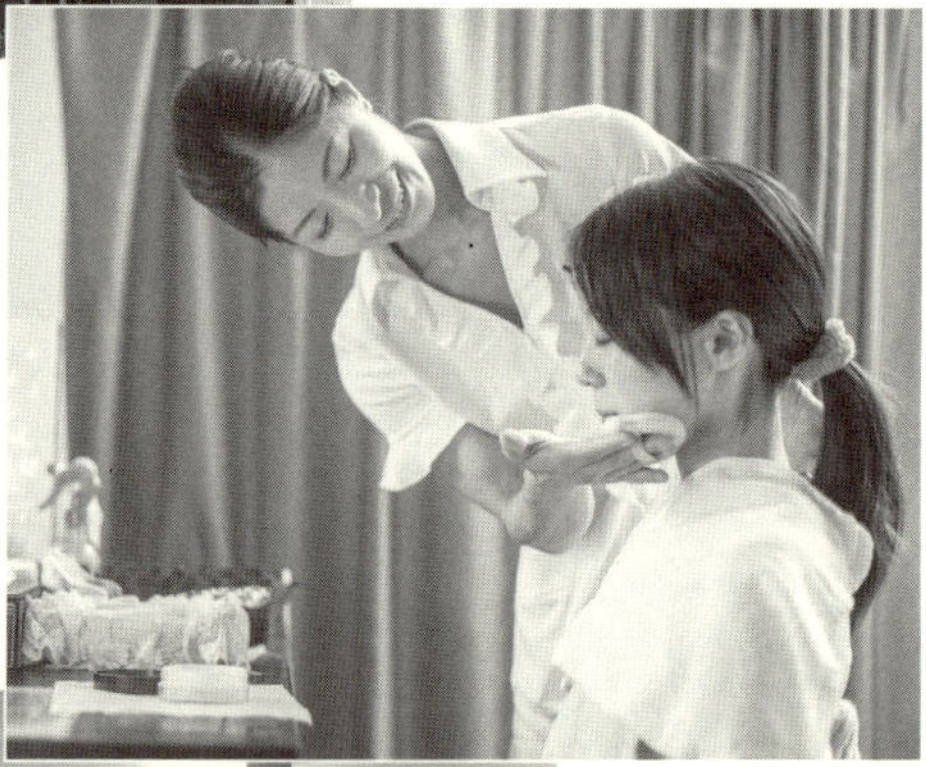

（http://www.rosemaryrose.com/）

02 お客様が100回繰り返し来店する店にするには

値引き目当てのお客様は要注意

どこのサロンでも、今はホームページやブログで様々な情報を発信しています。私のサロンにもホームページがあり、原則、ホームページでしか集客していません。

クーポン誌やフリーペーパー、割引チラシなどでの集客を一切しなくても、ホームページを見たお客様が来店してくださり、リピーターとなって口コミもしてくれるので、紹介の方も増えて情報誌などは必要がないのです。

お客様を集めたい一心で、情報誌を使って「安くしますから、一度試してみませんか」とアピールするのは落とし穴があることにお気づきでしょうか？

情報誌やクーポン誌を見て来店されるお客様は、**値引きが魅力で集まったお客様が多い**ということです。ですから、他に同じように「安く提供しますよ」というサロンが現われれば、定着せずに簡単に違うサロンに乗り換えてしまう傾向があります。

絶対にそうだとは言えませんが、このようなお客様は初めからリピートする気持ちが少ないお客様と思ってください。安さを魅力として打ち出している個人サロンでも、さらに安いサロンがあれば、結果、価格競争に巻き込まれてしまいます。

クーポン誌やフリーペーパーで、一時はお客様が来店してくれるかもしれませんが、長くは続きませんから、さらにクーポン誌に頼ることになり、宣伝費用がかさんでいく悪循環を繰り返して、経営が苦しくなってしまいます。

リピート客の3つの判断ポイント

では、リピートしてくださるお客様は、何を基準にしてサロンを選んでいるのでしょうか。人それぞれの価値観があるので、ここでは次の3つについてお伝えしたいと思います。

①価格
②人柄
③ブランド力

1つ目の「価格」は、お客様が考える「魅力的な価格」ということです。例えば洋服でも「安くて何着も購入できるのが魅力」と思う人と、「高い洋服だからこそ魅力を感じる」人がいます。人によって価値観が違いますよね。

このように価格で判断するお客様には、いかにサロンの価格が魅力的かをアピールしなければなりませんが、考え方を変えれば、**初めから価格の価値観が合っているお客様を集めればいい**のです。自分には高いから無理だなと思った人は来店しないでしょうし、結局、長続きはしません。

2つ目は、エステティシャンの「人柄」です。リピートしてくださるお客様は結構ここを見ています。てっとり早く言うと、**自分と相性が合うか合わないか**です。

サロンでは基本1：1での接客になるので、相性が合うかフィーリングが合うかどうかで過ごす気持ちが大きく変わってきます。またこの人にお願いしたい、この人だったら悩みを解消してくれるといった気持ちになれるかどうかでお客様は判断します。

3つ目は「ブランド力」です。「高級ブティックや高級ブランドの品だったら間違いない！」と判断するタイプの人です。「このサロンだったら間違いなく悩みを解決してくれる」「あの方の通っているサロンだから間違いない」「定評のあるサロンだから」といった基準でサロンを選ぶ人は、すでに**初めから店を信用している**のでリピートしやすいのです。

新規集客ではこの3つを全面的にアピールすることでリピート客を集客しやすく、サロンの価値観に合ったお客様が集まります。

サロンの価値観を発信する

お客様が100回再来店するサロンにするには、まずサロンの価値観を未来のお客様に向けて、情報発信していくことが大切です。

・固定客にしたいと思っているお客様はどんな人か

・どんなサロンでありたいのか

・他のサロンとの差別ポイントは何か

この3つを明確にしなければ、厳しい言い方をすれば、お客様はあなたのサロンを選ぶ理由がないので通い続けたいと思わないでしょう。

「お客様になっていただきたいのは男性なのか女性なのか」「学生向けかキャリアウーマンなのか主婦なのか」「美容意識の高い人向けなのか」など、この3つを細かく分けていくとサロンの価値観がはっきりして、コンセプトやターゲット層、サロンの雰囲気やスタッフ構成などにつながっていきます。

私のサロンで言えば、男女共用サロンもありますし、女性専用サロンもあります。男性向けのサロンは近隣にはないので差別化になっています。バリバリと働くビジネスマンをターゲットにしているので深夜まで営業しており、遅くまで仕事をしている人も気兼ねなく来店して落ち着いてもらえるようにしています。

私のサロンは、何かあればすぐに思い出して頼ってもらえるような、寄り添える田舎の町医者みたいな存在でありたいと思っています。

こうしたことをまとめたものを、ホームページで想いを乗せてお客様に伝えていけば、その価値観に合ったお客様が来店してくださるようになります。

わかりやすく言えば、沖縄料理屋さんには沖縄料理が好きな人が集まるし、阪神タイガースが好きなオーナーがそれをいつも発信していれば、阪神タイガースファンが集まるということです。

ここで大切なことは、**価値観を明確にして情報を発信すること**が、100回再来店する店づくりの第一歩だということです。

そしてサロンとしての価値観を発信しながら、来店されたお客様を、サロン側もリピートして欲しいお客様かどうか見極めなくてはなりません。これについては本章7の「価値観が同じお客様が集まる店のルール」でお伝えします。

03

ホームページだけでリピート客を集客する4つのコツ

サロンのメッセージとルールを記載する

ここでホームページでの新規集客について4つのコツをお伝えしましょう。

クーポン誌やフリーペーパーなどを見て来店されるお客様は、値引きが魅力で来店していることが多いと前項で述べました。そうしたお客様には様々な考え方を持った人がおり、トラブルになりやすいという不安があります。

しかし、ホームページでの集客では、「どんなお客様に来て欲しいのか」「このサロンではどんな想いでサービスを提供しているのか」「どんな特徴を持ったサロンなのか」が明確になっているため、価値観が合ったお客様が来店するので、クレームが少ないというメリットがあります。

このようにホームページで集客するためには、まず**サロンの価値観や理念、伝えたいメッセージをトップページに記載する**ことです。また本章の7でくわしく説明しますが、お客様が気持ちよくご利用できるように、「サロンのルール」も忘れず記載しましょう。これを入れることで発生しやすいクレームやトラブルをあらかじめ防ぐことができます。

スタッフを紹介しよう

2つ目は、**スタッフの顔が必ずわかる**ようにしなければなりません。どんな人が施術してくれるのかは、お客様にとって意外と気になるポイントになるようです。

サロンのお客様はホームページを見て来店されています。そこで、どこのページを見たのかを尋ねると、料金表よりも圧倒的にスタッフ紹介欄と言うお客様が多いのです。グーグルアナリティクスで分析しても、やはり一番見られているページはスタッフ紹介欄なのです。笑ってしまうことに、求人で面接希望の人もこのページを見て来るのです。

初めて行くサロンは、どんな人でも不安があります。少しでも不安材料を取り除くことはエステティシャンのプロとしての役目でもあります。スタッフ紹介のページで大体のサロンの雰囲気を感じることができます。スタッフの写真や動画、プロフィールを記載して、どんな人が働いているのかをお客様に明らかにすることで、まずは安心感を持たせてあげるようにしてみてください。

ホームページの更新はまめに行なうこと

3つ目は、ホームページは**まめに更新し、常に変化をつけて工夫する**ことです。お知らせ欄やニュースなどの更新が止まったままだと、「あれ？　このサロンはやっているの？」とお客様の不信感につながります。

実際に多くのサロンが、ホームページの更新がストップしたままになっています。新たなお客様が増えるせっかくのチャンスを自ら逃してしまっているのです。今後、サロンの売上げに貢献してくださるお客様のLTV（Life Time Value：顧客生涯価値）が1000万円あるとしたら、非常に残念だと思いませんか。

また新規客だけではなく、ホームページを既存客にも見てもらえるように心がけるとさらにいいでしょう。私のサロンでは、スタッフ紹介に載せる写真を頻繁に変え、ブログ更新を常にトップページで見せるようなつくりにしています。これによって既存客もホームページを見てくれるようになり、来店された際の話題になったりしています。

他のページも自然と見てもらえるようになるので、いつものメニューの他にも気になるメニューを調べたり、月ごとに変わるキャンペーンを見て、サロン側が提案する前にお客様のほうから施術を希望されることも増えています。

他店との違いをアピールする

4つ目は、**他のサロンとの差別ポイントをアピールする**ことです。他のサロンにはない自分のサロンの優れているところをドンドン出していきましょう。

例えば、「男性も多くご来店されています」と記載してあれば、初めて利用する男性客も安心しますし、まつげエクステで「1週間無料保証します」となっていれば、他のサロンで以前にす

私のサロンのホームページ

（http://www.i-earth.jp）

ぐ取れてしまったと苦い経験を持った方でも安心できます。

差別ポイントは、大げさな設備とかではなくても、少し頭を使って考えると意外にヒットする可能性があります。美容意識の高い人にもピンと響くポイントも必ずあるので、おすすめのコツです。


また、お客様から伺った話ですが、「ホームページがパッとしない店には行く気にならない」「電話番号が携帯電話のものになっていると何だかかけにくい」といったこともあるようです。「サロン情報で問い合わせや予約を取りたくても、電話番号がどこに記載してあるのかがわかりにくい」「サロンの場所が地図がなくてわかりにくい」など、私のサロンでもお客様からご指摘をいただいたことがありました。

今一度、何のためにホームページがあるのかを考え、未来のお客様に見ていただいて、集客につながるホームページをつくる努力をしてみてください。繰り返し来店してくださるお客様をホームページで集客できれば、その他の広告宣伝費用をかけずにすみます。

あとはサロンに来店されてからの接客対応やサービスがお客様に合ったものであれば、喜んでまた次回も来てくださることでしょう。

顧客管理の意味を理解する

04

プラスアルファのお客様情報

顧客管理とは、ただ単にお客様からいただいた情報を店側が管理することではありません。いただいた情報プラスアルファがもっとも重要で、初めてここで意味のあるものになります。

プラスアルファとは、**お客様の来店履歴、商品購入履歴、紹介履歴**です。お客様1人ひとりのデータを取ることで、年間にどれだけ来店されているのか、どのくらいの金額を使ってくださっているのか、何人ご紹介者がいるのかなどを知ることができます。

そうしたデータを分析することで、固定客になってくださるお客様が増えてくるのです。顧客管理とはデータを取り、固定客を増やし、維持するためのものなのです。

ではなぜ固定客が増えるのかと言うと、まず1つ目は、当店であるデータを取ることで明らかになったことです。それは前述したように、初来店から3ヶ月以内に5回再来店していただけたお客様の約90％が固定客になってくださるということです。10人に9人の確率で固定客になるとなれば、どうやって5回再来店してもらうかを考えるようになります。

そこで、私の店で思いついたのが、**すぐに貯まるポイントカード**でした。いつになったら景品や特典がもらえるほどポイントが貯まるのか、気の遠くなるようなカードをみなさんも持っていることでしょう。そのようなポイントカードは、役立つ前にほとんどが捨てられてしまうのではないでしょうか。

せっかく販促ツールとして経費をかけてつくったのに、捨てられてしまったら悲しいですよね。だったら、初回来店から1、2回でポイントが貯まるような仕組みをつくれば、お客様は次回の来店が楽しみになります。当店では、このポイントカードを導入してから一気に固定客が増え、お客様も喜んでくださっています。

このように、データを取ることで、固定客を増やすために次の来店につなげるにはどうしたらいいのかを考える力と、何を顧客が求めているかの分析力がついてきます。

お客様情報をこうして活かす

2つ目は、**来店履歴で年間にどのくらいの金額を使ってくださったかの顧客順位をつける**ことで、どのお客様がロイヤルカスタマーなのかを知ることです。このロイヤルカスタマー、つまりコアなファンをもっとも大切にしなければならないということが、既存客を大切にする理由につながってきます。これもしっかりと毎回データを取ることで、顧客満足度が高まり、店のファンが定着し、維持できるのです。ここで大切なのは、過去1年のデータを毎月更新していくことです。

3つ目は、お客様の商品購入履歴を知ることで、**商品を購入した後のアフターフォロー**がお客様1人ひとりについていでき、このサロンで買ってよかったと安心感が生まれます。買った後、何もフォローがないと、売りっぱなしで買ったことを後悔させてしまうことになり、お客様は離れてしまうものです。

また美容業界は、流行の流れが速いのが特徴です。1年前に流行ったものが今年はまったくと言っていいほど反応がないということもザラです。売れ筋を知ることは、今、世の中の人が求めているものを敏感に察知することであり、これにもお客様の商品購入履歴が役立ちます。

4つ目は、紹介履歴を残すことで、**新規客を紹介してくださるお客様は誰か**ということがわかります。また紹介してくださる人は、データを取ることである一定の特徴があることがわかります。それは、女性の多い職場で仕事をしている女性客が多いということです。紹介を生む連鎖が仕事仲間の中で起きやすいということです。

紹介につながりやすいお客様を知ることで、さらに新しいお客様を増やすことができるのです。

当日の施術や会話の記録

つまり顧客管理は、ただお客様の住所や電話番号などの個人情報を残しておけばいいという考えではなく、データを取ることでたくさんのお客様を増やすことができ、維持できることを理解しなくてはなりません。

そこで次に来店したときのことを意識し、「その日にどのようなお手入れをしたのか、どんな話をしたのか、何のアドバイスをしたのか」などを細かく記録しておき、誰が見てもわかるように残しておくことも必要です。

これを怠ると、前回どのような施術をしたのかわからず、お客様を不安にさせてしまいます。また話した内容やアドバイスなども、前回と同じではがっかりさせてしまいます。

今は1人でやっているサロンオーナーも、今後の展開で担当者が変わることも考えられます。そうなると、情報を共有するためにも毎回記録することが大切で、その積み重ねでお客様が途切れないサロンになっていきます。

顧客管理に使える便利な機器

今は、顧客管理を便利に行なえるPOSレジや顧客管理ソフトなどがあります。こういった機器を使えば、見たいデータや知りたいデータが瞬時にわかります。

例えば、「来店回数や来店サイクル」「客単価」「どのメニューが今月は人気なのか」「どの地域から、どの年齢層のお客様が多いか」など、時間をかけずに簡単に分析することができます。

お客様からかかってきた電話に、すぐさまパソコン画面にお客様の名前や来店履歴などが自動で立ち上がる、CTI機能も大変便利です。電話がつながった瞬間、「○○様、いつもありがとうございます」と先に名前をお呼びすることで、ちょっとした驚きと感動があります。もちろんこの機能がなくても、電話番号を登録しておけばこうした対応は可能です。

私のサロンでは、POSレジを使用しつつ、古い考えかもしれませんが、アナログの紙のシートの両方で記録を残しています。紙ベースのシートは、オープン当初からコツコツと書き貯めてきたものですから、POSを導入してもやめられず、スタッフたちに二度手間だと言われながらもこだわり続けています。かなりの量になっていますが、棚一面の顧客シートファイルを見るたびに気持ちが熱くなります。

これがあれば何かあってもいつでもやり直せるという、前向きな気持ちになれる、私の大切な財産です。

05
飽きさせないメニュー・サービスの4つの注意点

何度も来店してくださるお客様も、いつも同じメニューでは、どうしても飽きてしまうのが人間です。いくらステーキが好きでも毎回では飽きがきて、たまにはお寿司がいい、カレーがいいとなってきます。そこでサロンでも、お客様を飽きさせないメニューの工夫が必要になります。

お客様を飽きさせないメニューづくりやサービスには、その方法といくつかの注意点があるので、それを紹介しましょう。

「いつもと変わらないけれど飽きない」

1つ目は、**いつものメニューにちょっとしたアレンジを加え、変化をつける**ことで、「いつもと変わらないけれど飽きない」といった微妙な感覚にすることがベストだということです。

あまりにも内容を急に変えすぎてしまうと、それを好まない人も出てきてしまう可能性があるから注意が必要です。日本一予約が取れないことで有名な東京のレストランも、常連客に飽きさせないように、年に1度ほど微妙に味を変えているそうです。しかし、お客様からは「昔から変わらない味だ」と絶賛されているのです。

この微妙なこだわりが常連客を飽きさせないコツということになります。

キャンペーンでお客様の選択肢が広がる

2つ目は、毎月のように変わるキャンペーンをやることです。

ファミレスで、「ハワイアンフェア」とか「いちごフェア」など、いつもと同じメニューの他にキャンペーン用の別メニューがあるのを見かけると思います。お客様は、何だかそのメニューが特別おいしそうに見えて、ついつい注文してしまいます。

それと同じで、サロンでも通常のメニューの他に、**毎月新しいメニューを期間限定でつくること**で、お客様は飽きずに何度も足を運んでくださるわけです。ただ、新しいメニューを毎月つくるのは大変なので、今あるメニューを組み合わせたり、アレンジをするといいと思います。

今まで決まった単品メニューしか受けなかったお客様が、キャンペーンをきっかけに様々なメニューを受けたり、知ることができる絶好の機会になります。

例えば、通常のボディトリートメントメニューとフェイシャルメニューの時間を短くアレンジして、いつもの料金より1割程度安くすると、毎回フェイシャルメニューしか受けなかった人がボディメニューも体験できて、今後の展開につながりやすくなります。また、ボディメニューを一緒に受けることで身体の代謝がよくなり、フェイシャルエステの効果もさらに高まるといった相乗作用も生まれます。

ここで注意すべきことは、**通常メニューの割引をしない**ということです。キャンペーンでメニューを組み合わせて多少安くするのはいいのですが、通常メニューを値引きしてしまうと、お客様にまたいつかは値引きしてくれるだろうと期待させてしまい、通常の料金では受けなくなってしまう結果になってしまいます。値引きに慣れさせないためにも注意してください。

あなただけの特別メニュー

3つ目は、常連客向けに裏メニューをつくることです。

居酒屋やBARでは顔なじみになると、「これ、サービスね」と言って、他のお客様とは違ったサービスをしてくれます。そのときのお客様の気持ちは、「私だけ特別扱いされている、嬉しい」となります。特別扱いされて不快な気持ちになることは絶対にありません。

人は常連だからこその扱いが嬉しくて、また店に足を運んでしまうものなのです。サロンでも、常連客しか受けられないメニューやサービスをつくり、特別感を楽しんでいただきましょう。

私のサロンでも、メニュー表には記載されていない、特別メニューを提案したときのお客様の反応は100％です。次回も必ずそのメニューを受けてくださいます。

ここでの注意点は、お客様への声かけです。「信用のある特別な方だけのメニューですから、他の人には絶対に言わないでくださいね」とお伝えすることです。裏メニューですから、表に出ては意味がなくなります。また、お客様に「特別な方」と伝えるだけで、自分は常連なんだと認識ができて嬉しくなり、「また次も来よう」となるのです。

お客様とつながるニュースレター

4つ目は、お客様を飽きさせないためのニュースレターサービスです。

お客様にとって、サロンに来店するのは平均で1ヶ月に1、2度です。時間にしたら約6時間ほどです。1ヶ月が約720時間ある中で、たった6時間しかそのお客様と関わることができないのです。お客様は、残りの714時間をサロン以外で過ごしています。

そのサロン以外で過ごしている時間でも、サロンの印象を残す工夫が、定期的に送るニュースレターです。店も、いつでも思い出してもらえるような存在でなければ、忘れられてしまいます。

お客様に継続的に来店していただくためには、サロンの存在を忘れさせない内容のニュースレターが有効です。ただしここでの注意点は、**売り込みをしない**ということです。

ニュースレターの目的は、サロンの存在を忘れさせないためなので、「サロンに来てください、買ってください」という宣伝は逆効果になってしまいます。プライベートネタやサロンで取り組んでいること、ストレッチ方法などのホームケアアドバイスといった内容にして、宣伝を一切しないように徹底してください。

初めは反応がわかりにくいかもしれませんが、じわじわと効いて、お客様のほうからニュース

私の店「Platinum earth」のニュースレター

News Letter

4月号

～Platinum earth がお届けする～

earth Platinum ハピネスnavi

ニュースレターは直近3回以上、ご利用の特別なお客様だけにお送りしています。

発行　Platinum earth　〒305-0818 茨城県つくば市学園南1-10-9　TEL 0120-399-499

わたしの独り言

こんにちは！根岸です！
毎月ニュースレターを楽しみにご覧になっていただいてありがとうございます！

春は出会いと別れの季節・・・卒業シーズンでもあり、新たな出会いの季節でもあります。

お客様の中でも、お子様が卒業するという方がいてわたしも新たなスタートの時期のドキドキワクワク感を思い出しました。

さて、この春プラチナアースでも大きな出来事があります。
そう！長年活躍しておりました、一番の古株であった金子が出産に向け3月いっぱいで退社いたします。
お客様の信頼も厚かった金子は、ご存知の通り常に仕事に一生懸命な熱血スタッフ！どんなに忙しくても周りのスタッフのことも気遣い、いつも解決策を一緒に考えてくれました。沢山励まされましたし、学ぶこともあり、このプラチナアースで共に過ごしてきた時間はかけがえのない時間となりました。
そんな金子が居なくなってしまうのは、寂しいですが、金子のような『常にお客様のために！』『一生懸命！』精神を常に持ち、お客様に安心して通っていただけるよう、全力でお客様の《綺麗》のお手伝いをさせていただきますので宜しくお願い致します。

格言・名言 人生編

転んだ時には
いつでも何かを拾え

オズワルド・アベリー（アメリカの医師）

人生でつまずいて転んでしまった時、まずは起き上がることが重要です。
しかし、転んだからこそ掴める「何か（教訓・経験）」を拾って起き上がれば、転んだことが無駄になりません。

クスっと笑える 面白トリビア

果汁100%のジュースを買いたい場合、記載された数値を見る人がほとんどでしょう。しかし、実はパッケージをパッと見ただけで100%のジュースかどうか、わかるようになっています。写真やイラストで果物の断面が表示されていれば、それは果汁100%のジュースです。全国公正取引協議会連合会によって決められたルールがあるのです。

レターの記事について声をかけてくれたりしてコミュニケーションが深まり、密な関係になってきます。

ここでお伝えした飽きさせないメニューやサービスは、続けることが大切です。お客様に飽きさせないためなのに、自分たちが先に飽きてやめてしまってはまったく結果が出ません。繁盛しているサロンは継続が力となり、お客様がついてくるのです。

06

お客様が心を開きやすい環境を整える

お客様自身の声を聴く

お客様が何度も再来店するサロンにするには、お客様が心を開きやすい環境をつくり、おもてなしをする心が伝わるようにしなくてはなりません。**お客様が自分から話をしてくれるような環境を整える**のです。

お客様がどんなことに悩んで来店されたのかを把握しなくては、私たちの仕事は成り立ちません。これをくみ取るのは「お客様自身の声」からです。お客様から話を聴き出せなければ、悩みに対して正確な提案ができません。

お客様が心を開いて話をしてくれる環境にするために、まずは店のコンセプトがどんなものなのか、どんなお客様をターゲットにしているのかをはっきりさせましょう。

それが明確になったら、店の内外装や設備、流すＢＧＭなどが決まってきます。

例えば、コンセプトが「南国のスパで優雅な休日」となれば、内装や小物はバリやハワイアン調になるでしょうし、ミュージックもその雰囲気に合ったＢＧＭになるでしょう。お客様もその雰囲気が自分に合っていれば心が開きやすくなります。話をしやすい雰囲気や話をしにくい雰囲気は誰にもあるのです。

カーテンで仕切りをつくっただけで、同時に何人も施術をしているサロンがあります。このようなサロンでは、隣の話し声がまる聞こえでくつろげなかったり、自分の話も聞こえてしまうのではないかと声のボリュームを下げがちになります。いずれ、お客様は話をしたくなくなり、心をクローズしてしまいます。

お客様のリピートを考えていないサロンならこれでもかまわないのですが、新規集客に力を入れずに繁盛店にするには、お客様の心を開く工夫を考えなければなりません。

心を許し、信頼を得る演出

心理学ではパーソナルスペースと言って、コミュニケーションを取る際、相手に心が許せる距離として45~120cm、120~200cmという空間サイズの意味を示しています。これを利用して、私のサロンも各部屋を広すぎず、狭すぎずの計算された個室にしています。

例えばトイレを想像してみるとわかりやすいのですが、畳1畳分くらいの空間なら落ち着くのに、10畳くらいの広さがあったらどうでしょうか。きっとソワソワしてしまい、落ち着かない気持ちになると思います。人は**落ち着くスペースがある程度決まっている**ということです。

サロンでも、ベッドを置くスペース以外はあまり広すぎないほうが、お客様の心を開きやすいと思います。その他、会話をするにも斜め向かいに座り、お客様よりも目線を低くするなどの配慮が必要です。

また、初めて来店されたお客様の不安な気持ちを払拭するために、ディプロマ（卒業証明書）や資格免許、コンテストなどでの受賞の証を飾ると熱心なサロンだと感じてくれて、心を開きやすくなります。

お客様は来店すればするほど、心を開きやすくなります。ですから何回かの来店で飽きがくる内装は好ましくありません。例えば、ポップすぎる、派手すぎる内装は、気分的に落ち着くというよりはテンションを高める要素があります。

サロンはリラクゼーションする、ストレスを解消する場所でもあるので、落ち着いた内装、行き届いた清掃で何度来店しても飽きがこないおもてなしをすることが大切です。

見せる工夫と見えない工夫

私のサロンの例で言えば、「各個室の壁紙を変えて違う雰囲気にする」「ＢＧＭに変化をつける」「エントランスの水槽の海水魚を変える」などの工夫をしています。

またエステティックサロン側はあまり気にしていないことですが、客の立場でサロンに行くと、そこに来ている他のお客様を見かけることがあります。すると、「こんな人が来るんだ」とか、「何

私のサロンの内装

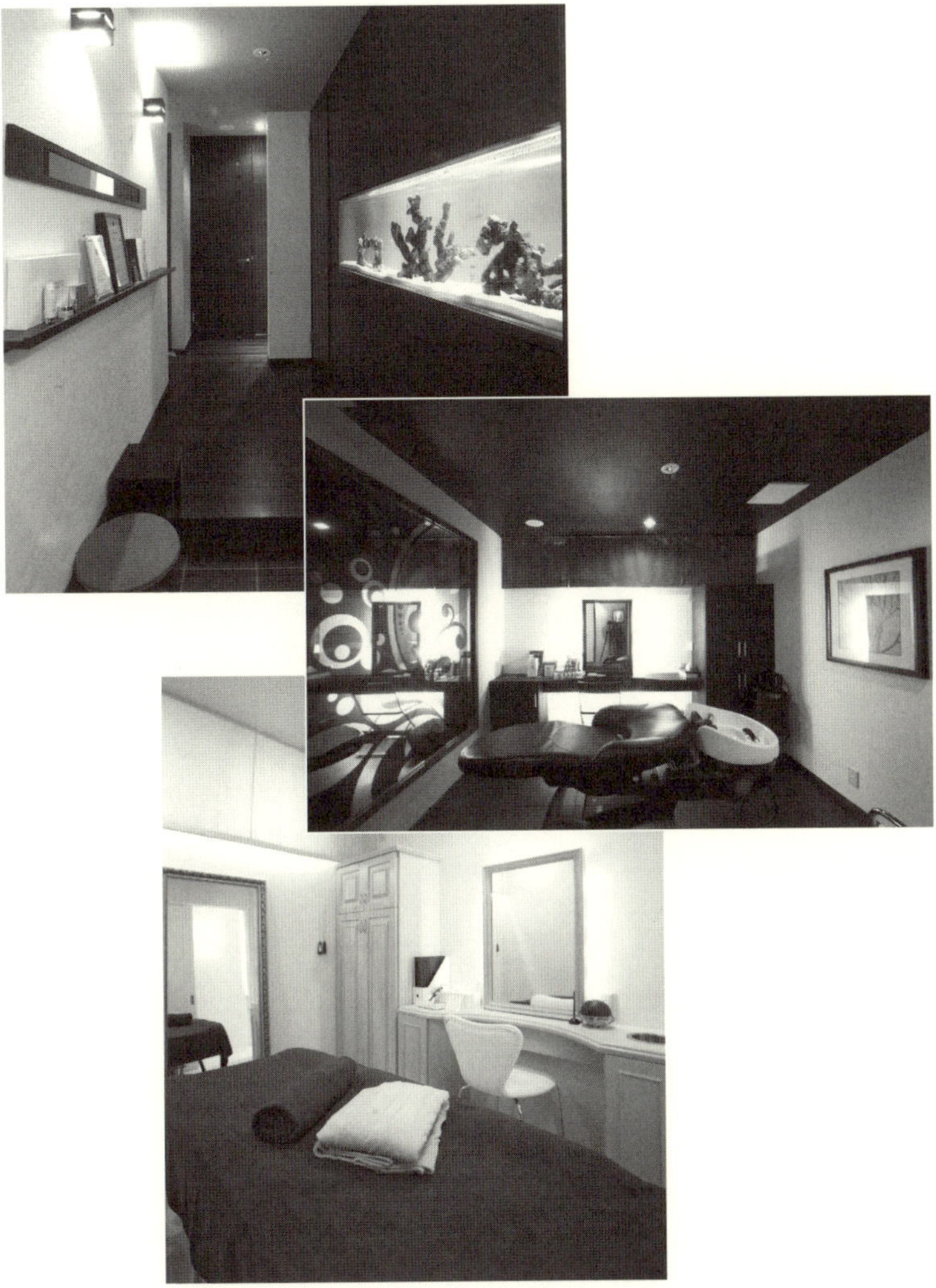

のメニューを受けているのかしら」といらない詮索をしてしまうものです。

私自身が美容クリニックに行ったときに、鼻を固定してサングラスをしている人を見て、「あの人整形したのかしら？　元の顔はどんなだったの？」と思ったことがあり、見てはいけないと思いながらもチラチラと見てしまったことを思い出します。きっと相手も見られたくないと思っていたのでしょう。肩身狭く下を向いていました。

このようにお客様が他の知らないお客様と顔を合わせると複雑な気持ちになるので、私のサロンではそれを防ぐためにお客様同士が顔を合わせないように、予約時間をずらす配慮もしています。また、受付やレジはなく、来店されたらすぐに部屋にご案内して、ご提案や会計、アフターはすべて個室で行なっています。

お客様が心を開きやすい環境を整えるには、見せる工夫と見えない工夫の2つがあり、両方をセットにして考えなくてはいけないのです。

07

価値観が同じお客様が集まる店のルール

出入り禁止のルールも

サロンを繁盛店にするには、新規客を固定客として定着させ、繰り返し再来店してくださるコアなお客様を増やしていくことが必須です。サロンではそういった大切なお客様に安心して通ってもらうために、必ず**店としてのルールを決めておかなければいけません。**

このルールや常識的なマナーを守れないお客様は、来店してくれても他のお客様の迷惑になるので、**断る勇気を持つ**ことが大切です。

例えば、来店予約日時に連絡もなしに来なかったり、遅刻して来るとしたら、同じ日時に予約を取りたかったお客様の不満が募り、サイレントクレームとなって去ってしまうことも考えられるのです。遅刻してきた時刻に予約が重なったお客様にも大迷惑をかけます。

そこで私のサロンでは、連絡もなしに15分以上遅刻したら予約は取り消しとし、無断キャンセルは、以降、出入り禁止、もしくは当日予約のみとさせていただいています。

リピートしてくださるお客様は、予約日時は必ず守りますし、事情によってやむなくキャンセルや遅刻する際には、必ず連絡してくださいます。友人同士の約束や仕事関係でも同じことが言えると思いますが、基本的に約束が守れない人は今後も同じことを繰り返しますし、信用できないということです。

また、当サロンは男性のお客様も利用できるので、サロンの秩序を保つために、同意書などの記入や身分証明書の提示もお願いしています。

こういったルールがないと、店を利用してくださるお客様の価値観がバラバラになり、どんなサロンなのかが明確になりません。男性のお客様の定着率は女性のお客様より約20％高いので、リピートしてくれそうなお客様をしっかりと見極めると、コアなファンが増えます。

男性のお客様はリピートしやすい傾向がありますが、同意書のサインなど、最初の入口のルールが厳しいな、このサロンは自分には合わないなと感じたら2回目の来店はありません。でも私のサロンはそれでいいと思っています。ルールがあることで居心地が悪いと感じるのであれば仕方のないことですし、**ルールを守れるお客様だけを大切にしたい**という考えは今後も変わらないと思います。

この経営者としての考え方を、ぶれずに明確に「決める」ことは、今後、**サロンに集まってくださるお客様を店側が選ぶ**ということを意味しています。

「お客様を捨てる」という判断

「お客様を選ぶ」ということは、「お客様を捨てる」ことにもなります。しかし、これをセットにして考えなければ、本当に大切にしたいお客様に経営者としての想いや価値が伝わらず、結局、大切にしたいものを見失う結果になります。

お客様を選ぶということは、「何を大切にしているか、何を大切にしていないか」を明確にすることです。これが店の価値観になってきます。自分のサロンにとって大切にしていきたいお客様はどんな人なのか、大切にしていきたい想いとはどんなことなのかを明確にすると、行動がしやすく結果が出やすいと言えます。

前述したように、ホームページに店の「価値観や理念」「伝えたいメッセージ」「当店のルール」を記載すると、それを見たお客様が、**自分に合っている店かどうか判断してくれる材料**になります。

「エステティックサロンに行ってみたいな」と探している人がこのルールを見て、自分には合わないなと判断すれば、来店することはありません。そんなルールや規則があるなら来なきゃよかったと後悔させることもありませんし、クレームにもなりません。

「あなたのサロンが好き」と思ってくれるお客様を大事にしたい

しかし、逆に「行ってみたい」と思ったら、問い合わせや予約の電話、メールなど何らかのアクションを起こしてくれます。店の価値観やルールを記載しておくことで、お客様は行くか行かないかを決断してくれるのです。お客様に自ら決めてもらうことで、行こうと決断して来店してくださった人だけを大切にしていけばいいのです。

その判断をホームページでお客様自身にしてもらうことで、同じ価値観を持った、リピートしやすいお客様が自然と集まってくるのです。

価値観は人それぞれですが、単純に言えば「好きか、嫌いか」です。「花が好きか嫌いか」で違う価値観になりますし、「犬が好きか嫌いか」でも価値観が合わない、となるのです。花が嫌いな人は花屋さんになりませんし、犬が嫌いな人は犬を飼いません。

サロンも同じです。今通っている**店や人が好きだから、自分に合っていると感じているから、お客様は再来店してくださっている**のです。サービスを提供しているこちらも、そのお客様が好きだから、お客様の「こうなりたいを実現してあげたい」と心から思うのです。

あなたのサロンでも、「どんな価値観を持って店の経営に取り組んでいるのか」をもう一度確認し、どんなお客様に来て欲しいのかを決めてルールをつくってみてください。

2章

「尊敬される存在であること」が大事なお客様の心をつかむ

08

エステティシャンの役割を理解する

役割がわかればやるべきことが見えてくる

１人のお客様に何度も再来店していただくためには、目に見えるものと見えないもので、それぞれ大事なことがあります。目に見えるものとしては、お客様に納得してもらえる技術とサービス、設備などがあげられます。目には見えないものとは、サロンとお客様との関係です。それは信頼だったり、影響だったり、尊敬だったりといった心のつながりになります。

ここからは、お客様に繰り返し何度も来店していただくために必要な、お客様とエステティシャンの関係について書いていきましょう。

仕事をする中で、まず自分の役割を知らなくては、やるべきことや目標が定まりません。例えば、医師には患者の病気やけがを治す役割があり、それに向けて治療や薬などの知識を身につけなくてはなりません。学校の先生には子どもたちを教育する役割があり、十分な教育をするために子どもの指導方法を学ばなくてはなりません。

私たちエステティシャンにも、はっきりとした役割があります。その役割の本質を理解しなければ、せっかく来店してくださったお客様もいずれ離れていってしまいます。なぜなら、お客様が望んでいることを叶えてあげることができないからです。

サロンにも様々な専門があると思いますが、答えはすべて同じです。エステティシャンの役割とは、**お客様の「こうなりたい」と望んでいることを叶えてあげる**ことです。

本質はすべてここにあります。これを知ることで、ダイエットをしたいお客様、シミやソバカスに悩んでいるお客様、バストアップをしたいお客様、肩や腰の痛みを和らげたいお客様などに、何をしてあげればいいのか、何を伝えればいいのかなど、やるべきことが明確になってきます。

お客様との目に見えない関係

エステティックサロンに興味がある人は、それぞれの悩みがあり、それを改善したくて気になるサロンに期待して来店するのです。暇だからぶらっと寄ってみたという人はいないでしょう。予約制ならなおさらです。

お客様は必ず、何らかの目的を持って来店されているのです。この目的をはたし、悩みを改善してあげればお客様の願いは叶い、満足してもらえるのです。

病院もそうでしょう。熱が出て身体が辛いから、お腹が痛いから行くという目的がはっきりとあります。何回か通うことになっても、治療を施し薬を処方されて無事に治り、普段の生活が送れるようになったら満足ですが、治らなかったら不満や不安が残ります。

サロンのお客様も病院の患者さんと同じで、悩みの解消や望みを叶えるには時間がかかることもありますから、そんなお客様はサロンに何度も通わなくてはなりません。

例えば、10年という歳月のうちに増えた体重を、たった1、2回の施術で解消することはむずかしいので、優先順位を決めてお客様の望む身体をつくっていかなくてはなりません。

そのためには、ある期間、サロンに通っていただく必要があります。しかし、通っていただけるようになるためには、この最初の段階でお客様としっかりとした信頼関係を築かなければならないのです。信頼できないエステティシャンにはお客様は不安を抱き、別のサロンに行って離れてしまう結果になってしまいます。

本当にお客様に信頼される関係

エステティシャンの役割を理解し、お客様とバランスの取れたいい関係を築くことが、お客様を満足させ、喜んで何度も再来店する店に成長させるのです。

私はオープン当初、この役割を理解していなくて、お客様が望んだリラクゼーションメニューだけを精一杯やっていた時期がありました。自分の思い込みで勝手に「癒されたいお客様」「リラックスしたいお客様」と来店目的を決めつけてしまっていたのです。

結果、お客様は定着せず、1回きりのお客様ばかりになっていました。今思えば、未熟でお客様の悩みを聴き出せていなかったのです。本来はお客様には肌悩みや身体の悩みがあったのですが、初めは無難にリラクゼーションメニューを選択して試していたのではないかと思います。

「お客様のこうなりたいを叶える」という役割が私自身の中で明確になってからは、カウンセリングシートを改良してカウンセリングにも力を入れ、本当の悩みを引き出すことで、しだいにお客様から尊敬されるようになってきました（3章17項参照）。

今ではちょっと面はゆいですが、お客様から先生とか社長と言われ、「先生が言うならその提案どおりでいいです」とか、「社長がすすめてくれるなら買っていくわ」とまで反応が変わってきました。

09

プロとしての知識がなければ悩みの原因はわからない

プロの役割をはたすには？

エステティシャンの役割を理解したら、プロとしてのアドバイスや提案が必要になってきます。お客様からお金をいただいて技術やサービスを提供している以上、立派な美容のプロです。お客様は美容のプロに頼り、何とか自分の悩みを解決・解消してもらいたくて来店しているのです。自力で何とかなるなら、時間やお金をわざわざ使うことはないのです。

そのプロとしての責任をはたすためには、まずプロの知識・技術を身につけなくてはなりません。お客様の悩みに沿った知識がなければ、なぜその悩みが引き起こされているのか、そもそもの原因を見つけることができません。

いくつかの例で説明していきましょう。

ダイエットをしたいという漠然とした理由で来店されたお客様がいたとします。

そのお客様は「なぜ太ってしまったのか」「なぜ痩せないのか」をエステティシャンは一番に考えなくてはなりません。**お客様の身体に何が起こっているのか**を知らなくては、太る本当の原因を把握することができないのです。

ただダイエットをしたいというお客様の要望を満たすために、むやみやたらに汗をかかせるような施術をしても、また食事のアドバイスをしても、一時的な結果は出てもまたすぐに戻ってしまいます。実は、太る本当の原因はホルモンバランスの乱れだった、ということがあるからです。エステティシャンに、ストレスが原因でホルモンバランスが崩れて太る原因になるというプロの知識がなければ、結果的にお客様の悩みを解決してあげることができないということです。

「一生勉強」「お客様のためにできることを」

さらにこんな例もあります。

バストが加齢によって垂れてしまい、バストアップをしたいお客様が来店したとします。このときも同じで、バストが垂れてしまった原因をプロとして探らなくてはなりません。通常は、定期的に大胸筋を鍛えるような電気刺激を与えれば、バストアップ効果は期待できるのですが、なかなか思うような結果が出ません。

お客様の本当のバスト下垂の理由は、下着の締めつけによるリンパや血流の流れの悪化にあったのです。これも、なぜリンパや血流の悪化がバストアップを妨げてしまうのかについての知識がなければ、お客様に悩みの原因を伝え、根本的な解決ができないことになります。

このように、お客様の悩みには必ずそれを引き起こす原因があり、結果にいきつくのです。風邪を引いたら、風邪を引く原因があるということです。

お客様はエステティシャンを頼って来店されていることを忘れてはいけません。知識を身につけず、マニュアルどおりに技術を提供し、終始世間話で施術が終わってしまうサロンがあることも、よく耳にします。これでは、そのサロンに何度も通わなくてはならない理由が見つかりません。お金をいただいていないのなら、それでもいいでしょうが、料金を受け取っているなら、お客様のためにプロとしての知識を勉強し、身につけましょう。常に勉強している姿勢は常連のお客様には必ず伝わります。そういった頑張っている姿を常連客は応援したくなるものです。そしてそれが、お客様との信頼や尊敬といった目に見えないつながりになっていくのです。

私の一番尊敬する師匠である、美容師時代に大変お世話になった茨城県筑西市「いずみ美容室」の先生は、70歳を超えてもいまだ現役として現場に立ち、お客様に心から信頼されています。だからこそ「いずみ美容室」は、50年も続くお客様が途切れない人気美容室であり続けているのです。

先生は常に「一生勉強よ」と明るく笑いながら言い、驚くことに本当に今でも勉強会に参加したり、メーカーの話を熱心に聴いて新しいことを情報として取り入れ、それをお客様に伝えているのです。私がスタッフに常に言う、「一生勉強」「お客様のためにできることを」の言葉の原点はすべてここにあるのです。

私の師匠が活躍する「いずみ美容室」

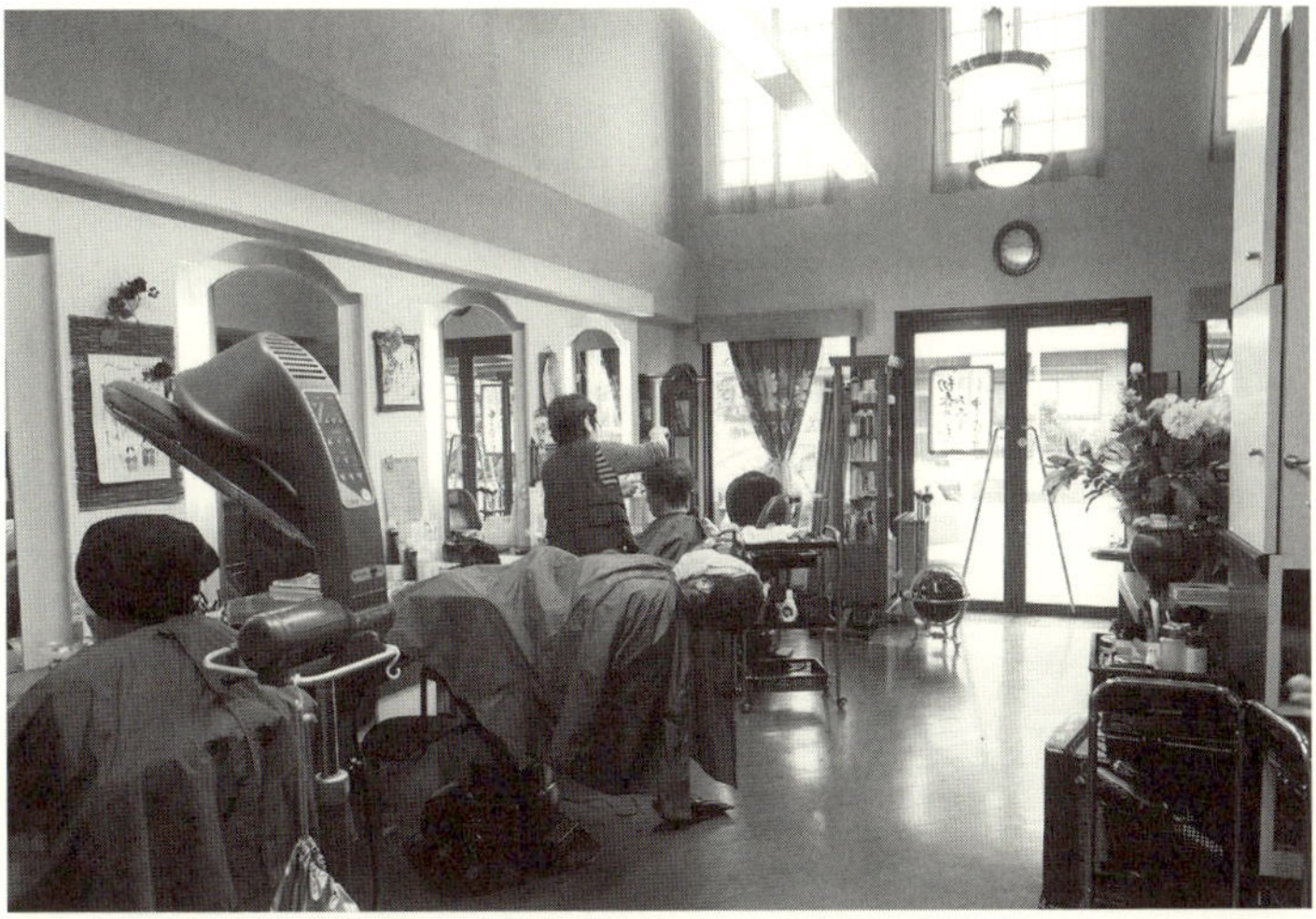

10

「エステティックサロンに通っても結果が出ないのよね」という声の正体

原因を追究しなければ悩みは解決しない

そもそもお客様が悩んでいる原因がわからなければ、悩みを解決することはできません。お客様の「こうなりたい」と望んでいる、満足のいく結果は間違いなく得られないでしょう。ということは、簡単に言えばプロの仕事をしていないということです。

美容のプロなら、お客様の悩みの原因を追究し、その原因となるメカニズムを理解し、エステティックサロンならではの技術やサービスを提供しなければなりません。さらに、ホームケアでのアドバイスも明確に伝えなくてはなりません。なぜなら、悩みの原因を理解して解決しなければ、またその悩みは繰り返されるからです。

例えば、シミが気になるお客様が来店され、悩みの原因を追究しないまま、サロンにあるメニューのシミに効果がある技術を施したとします。そのときは美白になり、きれいになって喜んでくれましたが、1ヶ月後に来店されたときには、さらにシミが濃くなっていました。お客様が、ホームケアとして日焼け対策を一切しない方だったからです。

紫外線を浴びる機会が多いのに、「○○様は紫外線が原因でシミになっているのですよ」と伝えてあげなければ、お客様はなぜシミになるのかを理解せずに、日焼け止めを塗るなどの対処をしないので悩みは一向に解消しないのです。

このようにエステティシャンが悩みの原因を知り、お客様に明確にわかりやすく伝えなければ、悩みは解決せず、信頼されることもありません。

お客様の不信感を生むエステティシャンの責任

以前、私自身が、あるエステティックサロンでニキビケアをしたことがありました。そこでは、「ニキビにはピーリングが効果的です」とすすめられました。「なぜ、ピーリングがいいのですか?」と質問をしたら、「いらない角質を剥がしてくれるので」と答えたのです。

そのときは私も知識がありましたから、ちょっと意地悪な気持ちで質問を投げかけたのですが、知識がないお客様にはとんでもない答えではないかと思いました。角質を剥がせばニキビは治るものだと勘違いさせてしまうのではないかと心配したからです。

ここでは、ニキビ肌で悩んでいるお客様に、どうしてニキビになってしまったのか原因を分析し、「○○様は現在こういう原因でこのような状態の肌ですから、このようにお手入れをするのがベストです」と対策を明確にしてあげなければ、また繰り返しニキビができ、さらに乾燥のような肌トラブルも引き起こしてしまう可能性が出てきてしまいます。

せっかくエステティックサロンで身体の手入れをして一時きれいになっても、維持できなくて、また同じことを繰り返してしまったら、お客様は「エステティックサロンに通っても結果が出ないのよね」となってしまいます。そんなサロンでは信用もなくなるし、エステティックサロン自体を否定する人が増えてしまうのではないかと心配になります。

そんな残念な気持ちにさせてしまうのは、前項でも述べたようにエステティシャンの勉強不足のせいではないでしょうか。知識があれば、自信を持ってお客様に説明することができます。何よりお客様があなたを信頼し喜んでくれます。尊敬もされ感謝されるのです。

こんなやりがいのある素晴らしい仕事なのに、技術だけを提供していればいいと考えるエステティシャンが多いのです。もちろん技術も必要ですが、それだけではだめだということに早く気がついて欲しいと切に願います。

今は、美容意識の高い人が増え、お客様もたくさんの情報や知識を持っています。女性だけでなく、男性もそうです。私のサロンには、男性のお客様も多く来店されます。その中で美容のプロとして危機感を持ち、やるべきことを理解して、お客様の心に影響を与えられるように接していかなくてはなりません。

お客様の悩みを繰り返さないためにも、知識を身につける努力が必要です。必ず努力は自信となってお客様の反応を変えていきます。

11

知識がない人と知識がある人の違いとは

知識がないエステティシャンと知識があるエステティシャンの違いは次のようになります。

実際のエステティシャンを比較すると……

知識がないエステティシャン	知識があるエステティシャン
①悩みの根本的な原因がわからないため、その場だけの対応をしている	①悩みの根本的な原因を、お客様に生理学、解剖学、皮膚科学などに基づいて説明することができる
②お客様が望んでいる施術をすればいいと思っている	②お客様が「こうなりたい」と望んでいることを叶えるための筋道を身につけている
③お客様の現状を確認することをしない	③悩みに対して正確な現状を理論に沿って説明できる
④悩みに対しての適切な改善や提案ができないため、お客様任せになっている	④理想や目標に向けて適切な提案をエステティシャンが決める
⑤施術に対しての効果や機器などの説明ができない、またはない	⑤施術前に「○○様の現状が△△なので、このメニューで□□していきますね。このメニューは××の効果が期待できるので……」と説明
⑥アドバイスが素人でもわかるようなワンパターンになっている	

⑦知識が曖昧なため、お客様への説明が長く一方的である ⑧エステティックサロンに通う理由が言えない ⑨サロンで行なった施術効果を高めるアフターケアを知らない ⑩自分の考えを押しつけ、お客様を知ろうとしない ⑪お客様とのコミュニケーションを勘違いしている	をする ⑥サロンでの効果を維持してもらうためのスキンケア、栄養学、運動学からのアドバイスができる ⑦お客様の聞きたいことを明確にかつ簡潔に伝えることができる ⑧当サロンの価値を伝えることができる ⑨施術効果を高めるためのアフターケアを理論に沿って伝えることができる ⑩様々な知識と情報を常に取り入れ、お客様自らが相談し頼ってくる ⑪プロとしてのプライドを持ち、やるべきことを理解している

必要とされるエステティシャンになるには

お客様が求めているものは「望む結果と満足感」です。お金と時間をかけて求めているものが手に入らなければ、お客様は離れていきます。

お客様との関係で、「この人に任せたい」「この人だったら何とかしてくれそう」という信頼感を得て、「この人はすごい」「この人の言うことは絶対」と尊敬される存在になることで、お客様は何度も再来店してくださるようになるのです。

お客様の心をつかむにはエステティシャン自らが常に学び、自分の価値を高めていくことです。

あなたの価値が高まれば、お客様は見る目を変えてあなたを頼ってくることでしょう。

高価なスーツやバッグを購入しても、5年くらいで使えなくなります。しかし、**自己投資としての学びやノウハウは一生モノ**です。

セミナーや講演などでは多くの出会いもあります。高額なセミナーであればあるほど、そこに参加している人は、「お金を払っている分、吸収しなくては」と志や意識の高い人ばかりです。

そこで出会った人たちとコミュニケーションを取ったり、情報交換をすることで、間違いなく人間力も高まるはずです。

お客様の役に立ちたいと思うなら、お客様に役立つことを学び、必要とされるエステティシャンを目指してください。

12

言葉で理由づけをすることが大切

言葉で伝えないとお客様に伝わらない

エステティックサロンで必要な知識は、**お客様に言葉に出して伝えることができて、初めて役に立つ**ものです。勉強したことを自分の中だけにしまっていたら意味がありません。

サロンオーナーで「なかなか言葉で表わせない、説明ができない」と言う人がいます。しかし、言葉にしなければお客様には伝わりません。このサロンがなぜよいのかも、明確に伝えなければお客様はわかりません。何にしても、お客様に理解、納得してもらうためには「理由」が必要なのです。

例えば、同じ品質のマグロがあったとします。そこで、「このマグロはおいしいから食べてみてください」と言われるのと、「このマグロは資源に優しい延縄漁法で漁獲した天然の極上マグロです。冷凍でなく鮮度を保った状態で、手作業で解体したものです。脂が乗っていて濃い味わいが特徴ですので、ぜひ食べてみてください」と言われるのでは、どちらを食べてみたいですか。断然、後者のほうを食べてみたいと思うでしょう。

では、なぜそう思ったのかと言うと、「食べてみたい」理由が言葉で伝えられているからです。同じ商品でも、理由を述べるのと述べないのとでは、伝わり方が違うということです。

原因とケアの理由を示す

エステティックサロンでも同じことが言えます。

ヒップが下がってきたことを気にしているお客様が来店されたとします。

「ヒップが気になるなら、このヒップアップメニューがおすすめです。やられてみますか」と伝えるのと、「ヒップは筋肉でできているので、年齢とともに筋力が低下することで下がりやすくなります。また歩き方の癖や前傾姿勢で骨盤が外側に広がることで、ヒップも外側に広がってしまうのです。普段の運動不足や姿勢による骨盤のゆがみが原因かと思われます。ヒップアップメニューは骨盤のゆがみを改善する機器と筋肉を刺激する機器でケアをし、最後にヒップの形を整えるトリートメントがついています。これを繰り返しやることでヒップは上がってきます。やられてみますか」と伝えるのでは、お客様の反応がまったく違います。

このように**施術について理由を述べる**ことで、お客様が納得するのです。これでお客様が「やりたい」と意欲的になれば、言葉によって動機づけができたということになります。

ここでは、悩みの原因をお客様に納得してもらうために「運動不足、姿勢」を理由としてあげ、さらにケアをしなくてはヒップが下がってしまう理由として、「筋肉の衰え、骨盤のゆがみ」をあげています。

また、ヒップアップメニューが、自分が悩んでいる原因を解消してくれる効果があることを知ることで、「自分が望んでいる理想のヒップになれる」とお客様の意志がはっきりとして意欲的になってくれるのです。


私自身も他のサロンによく行きますが、多くのサロンで、この理由づけが抜けていることに気がつきます。やるメニューに対しての説明や理由がないのは、知識不足が原因で説明する自信がないから省いてしまうのだと思います。

理由づけができるエステティシャンとできないエステティシャンの差は、**お客様との心の距離の差となって現われてくる**と思います。

繰り返し来店したいと思ってもらうためには、悩みの原因や施術の理由を言葉にして示すことが大切です。これができているサロンは、お客様にとって行く理由があるから、何度も繰り返し来店するのです。

13

プロとしてのプライドを持つことが信頼を得る

「エステティシャン」と「お客様」の関係

これまでは、プロとしての知識を身につけることでお客様の信頼を得て、反応を変えることができると「やり方」をお伝えしてきました。

次にエステティシャンの「在り方」についてお話ししていきましょう。

お客様として来店された方と親しくなって、プライベートの時間に一緒に食事をしたり、出かけたりと仲がよくなるエステティシャンがいます。これを否定するわけではないのですが、あくまでも私は、プライベートなつながりになることは、お客様とエステティシャンの関係を崩す原因になると思っています。

仲がよくなるのは当然いいことです。しかし、目に見えない関係は、バランスが崩れてしまうと非常にもろいことを理解しておかなくてはなりません。

例えば、友人同士でも「親友だと思っていたのに……」と嘆くような言葉を耳にしたことはありませんか。何かのきっかけで絶縁になったり、急に態度が変わったりなど、表面上は仲よく見えていても、内心はそうは思っていなかったということです。とくに女性同士はちょっとした価値観のズレでこういったことが多いのです。

利害関係があまりないような友人同士でもこうなのですから、エステティシャンとお客様となると、さらに立場は微妙になります。エステティシャンがお客様として見ている目線と、友人として見る目線では明らかに違ってくるのです。

お客様なのか友人なのか

食事やゴルフなどを一緒にしても、お客様として見ているのなら、それはプライベートではなく仕事です。俗に言う接待です。すべてのお会計をエステティシャンが持ち、「またサロンを利用してくださいね」となるはずです。お客様として見ているなら、大切なお客様にお金を払わせることはできないからです。

しかし、割り勘やお客様にお金を払ってもらっているとなれば、友人感覚のおつき合いになってきます。あなたの人柄が認められて仲よくなるのは決して悪くはないですが、境界線を越えてしまうと、お客様と見ることができなくなり、友人となってしまうのです。

「プライベートで食事に行ったりゴルフに行ったりするほど親しくなったのだから、サロンにもお客様としてずっと足を運んでくれる」と期待をするのはやめ、友人として迎え入れなくてはならなくなるのです。

先にも言いましたが、表面上は仲よく見えてもそうでもないこともあります。プライベートでの言葉の使い方、発言、表情、しぐさ、ふるまいなどすべて見られているのですから、少しの粗で急に「おつき合いしたくない」と変わることもあります。このようになってしまったら取り返しがつきません。

プロとしてのコミュニケーションの取り方

そのお客様との関係が、先々どのように変わるのかは誰にもわかりません。エステティシャンのあなたではなく、友人として一緒に時間を過ごしたいと思っているのなら、もうサロンに来ることはなくなるでしょうし、まだお手入れをしたいと思っていて良好な関係が保てていれば、友人としてでも来店することはあるでしょう。

ではなぜ、お客様との関係でバランスが大切かと言うと、コミュニケーションの取り方がエステティシャンの立場と友人とでは違うからなのです。

エステティシャンは、プロとして「お客様のこうなりたい」を叶えてあげるために必要な情報をお客様から聴き出し、悩みの原因を追究し、改善するための提案を伝えていくのが仕事です。そのためにお客様の声のトーンや発する言葉、感情までも注意深くくみ取り、心を傾けて受け止める必要があるのです。お客様の言うことにダメ出しすることなく、**悩みを解決するためにお客**

様の話を心から「聴く」のがプロの在り方です。

一方、友人感覚では、話を「聞く」になります。言われたことに対してダメなものはダメと否定したくなったり、自分の都合のいい解釈や考えを相手に言ってしまいがちです。

相手にとってよかれと思ったことだったとしても、受け止めてもらえなければ、押しつけだと思う人もいるでしょう。友人同士では双方の気持ちが一致しなければ、なかなか本当に悩んでいることは聴き出せません。なぜなら、友人同士では**声を耳で聞いて心で聴いていない**からです。

これがプロとしての立場と友人の立場でのコミュニケーションの違いです。

エステティシャンの在り方は、プロとしての自覚とプライドを持ち、仕事の責任をはたす姿勢を持つことです。

私のサロンでは、お客様とプライベートなおつき合いは一切していません。

お客様1人ひとりを第一に考え、プロとしての責任と自信を持って、サロンの中だけで技術やサービスを提供し信頼を得ています。

このゆるぎないプライドがお客様とエステティシャンの関係を維持し、より深めていくことができる心がまえだと自信を持って言えます。

14

なぜあの店は雰囲気のいい人ばかりなのか

類は友を呼ぶ

何の店でも、訪れたときに、「このお店は雰囲気がいいな」「このお店のスタッフはみんな感じがいいな」と思うことがあります。逆に「このお店は感じがよくないな」「このお店は活気がなく暗いな」と思うこともあります。お客様は店の全体的な雰囲気をすぐに感じるものです。

サロンでも同じで、お客様はすぐにその店の雰囲気を感じ取ります。

このサロンの雰囲気をつくっているのは、そこで仕事をしている人とお客様なのです。

「店で働いているスタッフを見れば、経営者がどんな人かがわかる」「経営者を見ればどんなスタッフがそろっているかわかる」といった、「類は友を呼ぶ」ということわざのように、似た者同士や気の合ったものが自然とその店に集まるものです。

やる気に満ち溢れたスタッフが元々そのサロンにいれば、新しく入ったスタッフは自然とその雰囲気に染まっていくか、馴染めず居心地が悪くなって辞めていくかになります。

お客様も同じです。店の雰囲気がよいと思うなら長く通ってくださるでしょうし、居心地が悪いと思うなら離れていくことでしょう。そのように類は友を呼んでいくのです。

ポジティブな考え方・発言が店の活気をつくる

私たちの仕事は「手」が商売道具です。お客様への施術は手を使って行ないます。手を通して見えない「気」というエネルギーがお客様に伝わっているのです。わかりやすく言えば、子どもが手をつなぐことで安心したり、不安な気持ちが和らいだりするようなことです。

この手から伝わるものは「その人の想い」なのです。お客様にきれいになってもらいたいという気持ちや頑張っているお客様を癒してあげたいという気持ちが、すべて手から伝わるのです。逆に、疲れた、眠い、不安などのマイナスな気持ちや体調不良も全部、お客様に伝わってしまいます。

サロンの全体的な雰囲気も、こういったエステティシャンの手から伝わるエネルギーも、スタッフの気持ちの持ち方や考え方で、よくも悪くも変えることができます。

お客様に心地よいと感じていただくためには、エステティシャンが常に考え方をポジティブに保たなければなりません。言葉1つにしても、ポジティブな発言がお客様を安心させたり、気持ちを高めますし、一緒に働く仲間のやる気や意識を高めます。

反対にネガティブな発言は、お客様の気持ちが冷めてしまったり、不安を煽って雰囲気を悪くしてしまいます。

以前、私は体調を崩したときに、貴重な体験をしました。

そのときは、はっきり言って仕事をする体力も気力もない状態でした。しかし、予約をしてくださったお客様のために頑張らなくてはと思い、痛み止めの薬を飲み、涙をぬぐいながら現場に立ち、気持ちを入れるために演技をすることにしたのです。体調不良を見抜かれないためにメイクも普段より濃くし、とびっきりの笑顔でお客様をお迎えしました。

「私は女優よ」と言わんばかりに、いつも以上に気合を入れて接客、施術をしました。すると、つい先ほどまで痛くて辛い、最後までできるか自信がないと思っていた気持ちが、痛くないふり、自信のあるふりをしているうちに、逆に気持ちが高ぶってきたのです。

このときのお客様は、最後まで私が体調不良だったことに気づくことなく、今でも何もなかったように来店し続けてくださっています。

プロとしての在り方・考え方

「常にポジティブに」と言っても、むずかしいときもあると思います。しかし、このように「ふり」をしたり、できている人の「真似をしてみる」ことを続けることで、プロとしての在り方・考え方が習慣になってきます。

お笑い芸人が手を抜いて人を笑わせることを忘れたら、プロとして失格なのと同じで、エステティシャンもやるべきことで手を抜いたら、お客様から頼られる存在になりませんし、サロンも

活気溢れる「サトーカメラ」の店内風景

(http://www.satocame.com/)

お客様から必要とされなくなってしまいます。

「さすがプロの仕事だね」とお客様から慕われ尊敬されるために、**常にポジティブに思考する**ことを意識してみてください。お客様の心をつかみ、未来が変わってくることでしょう。

ここで、雰囲気のいい店として、栃木県にある「サトーカメラ」さんを紹介しましょう。

店内に入ると手書きのＰＯＰや写真がいたるところに貼ってあり、スタッフは活気があって、お客様も楽しそう。まるで遊園地に来たみたいに、心が躍り出すような雰囲気が感じられるのです。

スタッフ１人ひとりが、どんなお客様でも大切にするといった、プロとしての心がまえを意識して行動しているのです。

お客様もそのスタッフの雰囲気にどんどん吸い寄せられているのがわかり、一度行っただけでも本当にいい店だなと感じ取ることができます。

3章

お客様の「こうなりたい」を叶えるカウンセリングの7つの成功法則

15

お客様の「これ」を知らなければ「こうなりたい」は実現できない

お客様がエステティックサロンに求めていることを把握するためには、カウンセリング力がもっとも大切になってきます。

私のサロンでは、来店したお客様を施術する前に、まずビフォーカウンセリングで5つのヒアリングをしていきます。お客様の悩みの原因を探ることや今後どのような接客、対応をするべきかをつかむことが目的で、結果までも左右する、一番肝となる大事なプロセスです。

ビフォーカウンセリングでは、**お客様の声に耳を傾けて聴く**ことに徹してください。この章では、リピート率がぐんぐん上がるカウンセリングについてお伝えしていきます。

お客様の「これ」を知ろう

①なぜ来店したのか
②悩んでいることは何なのか
③普段の生活習慣

④悩みを改善するために心がけていることは何か
⑤いつまでに改善したいのか

この5つのことを知らなければ、お客様が求めている「こうなりたい」は絶対に実現できません。なぜなら、この中に「悩みの原因」が隠され、原因が追究できなければ、解決したい本当の悩みに対して、正しいお手入れの提案ができないからです。

この5つのプロセスを明らかにしながら、プロとしての知識を織り込み、お客様が納得できる提案やアドバイスを行なっていかなければなりません。

わかりやすくここでは、「背中のシミ」を例にして説明していきましょう。

①なぜ来店したのか

これは、来店した動機や根本要因を知るためです。

例えば、結婚式が迫っていて、当日最高のコンディションで迎えたいといった単発的なケアを目的とした動機なのか、長年の悩みを解消するために通いたいといった連続的な動機なのかを知ることで、お客様が求めていることや目的にピントを合わせた提案や会話をしていくことができます。

②悩んでいることは何なのか

これは、改善したいことは何なのかを把握するのが目的です。例えば肌悩みがあると言っても、その悩みがニキビなのか、シミなのかで提案方法やケアが変わってきます。

③普段の生活習慣

お客様の普段のライフスタイルを把握することで、悩みの原因を探すのが目的です。

例えば、シミが悩みと言う人には、睡眠の質や時間、紫外線に当たる機会が多いのか、ストレス度合や職場環境、普段のケア方法などをカウンセリングで聴き出すことで、悩みを引き起こしているシミの原因がわかってきます。

④悩みを改善するために心がけていることは何か

これを確認することで、美容に対しての意識が高いか低いかを知ることができます。

意識が高い人は、エステティシャンが提案したことを積極的に受け入れてくれる傾向が強くあります。

しかし、低い人は受け入れることに時間がかかる傾向があり、サロンでのアドバイスなどを強引な印象に捉えがちです。そういう人には時間をかけてじっくり信頼関係を築くように、焦らず注意してその人の目線に合わせた提案をしていく必要があります。

⑤いつまでに改善したいのか

これはお客様が掲げる目標の確認です。

目標があるのとないのでは結果の出方が違ってきます。「いつまでに」という適切な期限を決めることで、お客様がなりたい理想や未来を想像することができ、「こうなりたい」を実現するために、お客様も努力をしてくれるのです。

お客様に明確な目標がなければ、こちらから提案して、「こうなりたい」未来を想像させてあげるのもエステティシャンの大事な仕事です。

このたった5つのことを聴くのに、多くの時間や手間はかかりません。しかし、この5つのうちの1つでも省いてしまうと、お客様の「こうなりたい」は実現できなくなり、お客様はサロンから離れていってしまいます。

あなたのサロンで抜けている部分があれば、見直してお客様を把握するようにしてみてください。

16 カウンセリングの組み立て方を知る

カウンセリングには複雑なことは一切ありません。しかし、奥が深いのもカウンセリングです。順序立ててシンプルに考えて進行していくことで、お客様の心を動かすことができる方法をここでお伝えしましょう。カウンセリングの流れは、大きく分けて3つになります。

①施術前のビフォーカウンセリング
②施術中のミドルカウンセリング
③施術後のアフターカウンセリング

以下、それぞれ3つのカウンセリングについて、組み立ての順番と注意点を書いていきます。

ここではわかりやすくダイエットを例にします。

①施術前のビフォーカウンセリング（＝聴く）

来店目的とニーズを知る、いつまでにという目標を聴く

↓・店に求めていること（例えば、その場での結果の実感を重視しているのか、丁寧さを重視しているのか。施術中は静かに過ごしたいのか、楽しく話しながら施術されたいのか、など）
・どこを（太ももを）、どうして（太いから）、いつまでに（2ヶ月で）、どのように（マイナス5センチに）なりたいのかを明確に聴く

来店目的の悩みの原因を探るためにライフスタイルを聴く

↓・いつからどうして太くなったのかを探る
・食習慣（栄養バランス、外食が多いのか、味つけの好み、嗜好品など）
・運動習慣（有酸素・無酸素運動、ストレッチを定期的にしているか）
・ワークスタイル（座っていることが多いのか、ストレスが多い職場なのか）
・ライフスタイル（酒、たばこ、冷たい飲み物を好むのか、湯船に浸かるのか、下着等の締めつけはあるか）
・悩み改善のために心がけていることは何か（サプリメントやケア）

悩みの原因追究をする

↓・ライフスタイルで聴いたことから、根本的な原因を追究する
・外食が多く不規則な食生活。運動習慣はなく、職場では寒いくらいエアコンの風が当たり、ストレスがあり、トイレに行くくらいにしか動かず座りっぱなし。たばこもやめられない。冷たいコーヒーが好き。何年も湯船には浸かったことがなく、シャワーですませている。

下着もサイズの合わないものを身につけている。とくにサプリメントとかも摂っていない

悩みがなぜ引き起こされてしまったのかをプロとして知識と理由を交えて伝える

←・冷えと運動不足が原因で代謝が悪くなっていることを伝える。なぜ、冷えと運動不足が太ももを太くしてしまい、悪影響をおよぼしてしまうのか、そのメカニズムをお客様にわかりやすく簡潔に伝える

原因を改善に導く、自店でしかできない施術メニューを提案する

←・冷えを改善していくメニューの提案をする

・そのメニューがなぜ冷えに効果的なのかを理由をつけて説明する

・施術メニューの注意事項やどのくらい持続効果があるのかを伝える

・メリットと万が一のデメリットも伝える

・施術前にお客様が不安に思っていることや質問などを聴き、明確に答える

②施術中のミドルカウンセリング（＝質問、共有）

実際に施術しながら、お客様が悩んでいることを確認する

←・実際にお客様に触り、体質や冷えていることと太ももの硬さを確認する

・片側が終わったら一度お客様に触れていただき、実感してもらう

ライフスタイルについてさらに聴く（とくに食生活や運動習慣、スキンケア）

←・お客様の食の好みやストレス発散方法などを聴く

施術終了時に、プロから見たお客様の気づいていない悩みを指摘する

←・「ヒップのお肉が太ももに流れてしまっていますね。ヒップの形も気になりませんか」

③施術後のアフターカウンセリング（＝提案、伝える）

施術前と後の違いと、結果を実際に確認していただく

←・施術前と後のサイズを計測、また撮っておいた写真を見せ、比較し変化を伝える

サロンでのケアを続けることで悩みが改善していく理由を伝える

←・サロンの価値を伝え、通う理由を知っていただく

お客様のライフスタイルに合わせたホームケアアドバイスをする

←・施術効果を持続させるためのアドバイス（当日は早く寝るなど）

・お伺いした生活習慣について、理由を説明して改善を促す

・お客様が無理なく続けられそうなストレッチなどをアドバイスする

次回の施術提案をする

←・「今回と同じメニューを2週間おきにやられるといいですよ」

次回の予約をスムーズに取るために事前予約を提案する

→・「当サロンのお客様は皆様、事前に予約を取っていかれるので、予約が埋まりやすくなっています。ご希望の日時で本日、ご予約を取っていかれるといいですよ」

お客様の美容意識やモチベーションを高める言葉をかける

→・「1回でこんなに結果が出たので、続けるともっともっときれいになります」

・「太ももがご希望どおりに細くなったら、ピンクのミニスカートも素敵ですね」

お客様はカウンセリングで、エステティシャンのよし悪しを判断しています。カウンセリングがなぜ必要なのかを考え、このような流れに沿ってシンプルに実践してみてください。

17 カウンセリングシートのつくり方

お客様の負担にならないボリュームで

カウンセリングをしていくには、まずお客様自身にカウンセリングシートに記入していただき、そのカウンセリングシートをエステティシャンが補記していくのが、スムーズに進める理想の形です。病院で診察の前に問診票を書くのと同じです。

エステティックサロンでは、フェイシャルやダイエットやケアなど、メニューによって確認していく事柄が異なるので、メニューに合わせて質問事項を変える必要があります。また、お客様のライフスタイルも、このカウンセリングシートである程度わかるようにしておくといいでしょう。

ただ、注意しなくてはいけないのは、お客様が**シートの記入に対して負担に感じないようにすること**です。私が前に行ったサロンでは、毎回2、3枚カウンセリングシートを記入しなくてはならず、ストレスを感じました。

サロン側としては、お客様の状態を細かく知りたいという気持ちの現われなのでしょうが、お客様の立場で考えてみると、あまりにもボリュームのあるカウンセリングシートは負担です。

2択式で簡単に答えられる形式にする

お客様に負担をかけないように、カウンセリングシートの記入は2分以内くらいで終わるように、2択式や○で囲んでもらうような工夫をしましょう。

また、カウンセリングの聴き取りやメニュー説明は、長くても嫌になるし、短くても不安になります。ビフォーカウンセリングは10分くらいがベストです。

当サロンはメニューが豊富なため、カウンセリングシートは10種類ほどあります。その例を次ページでご紹介しますので、参考にしてみてください。

カウンセリングシートには、次回も来店されることを意識をして、今日話したことやお客様の情報などを細かく残しておきましょう。

またアドバイスしたことや、どの商品を購入したかも、次回の接客の際にフォローができるように記入しておきましょう。

私の店のフェイシャルカウンセリングシート（表面）

顧客コード

カウンセリングシート（フェイシャル）

平成　　　年　　　月　　　日

お名前 ＿＿＿＿＿＿＿＿　生年月日　平成・昭和　　　年　　　月　　　日/　　　歳

住所　〒

E-mail（携帯）＿＿＿＿＿＿＿＿　E-mail（PC）＿＿＿＿＿＿＿＿

TEL ＿＿＿＿＿＿＿＿　携帯 ＿＿＿＿＿＿＿＿

職業 ＿＿＿＿＿＿＿＿　血液型 ＿＿＿＿

婚歴　未婚・既婚（婚暦　　　年）　出産経験　YES・NO

ご来店のきっかけ　DM・チラシ・WEB・看板を見て・雑誌・ご紹介＿＿＿＿様・その他＿＿＿＿

DM（割引情報・お得情報）の送付　YES・NO

お客様には安全で・効果的なトリートメントを行うため、以下の設問にお答え下さい。

1. 肌悩みは何ですか？○で囲んでください　乾燥・くすみ・しわ・しみ・毛穴・クマ・にきび・その他：　　　）
2. お手入れで使用しているケアを教えてください　クレンジング・洗顔・化粧水・美容液・乳液・クリーム・パック・マッサージ・スクラブ
3. これまでに化粧品などでかぶれたことはありますか？　はい・いいえ
4. これまでにフェイシャルやボディケアなどの美容エステティックサービスを受けたことはありますか？　はい・いいえ
5. 上記で「はい」と答えた方にお聞きいたします。その際に赤みやかぶれなどといった皮膚にトラブルはありましたか？　はい・いいえ
6. アレルギー症状（金属、花粉症、アトピー、喘息など）はお持ちですか？　はい・いいえ
7. 皮膚炎と診断され治療をしたことはありますか？　はい・いいえ
8. 現在、通院中で処方されている薬はありますか？または、常用している薬はありますか？　はい・いいえ
9. 美容外科手術、またはアートメイクをして１ヶ月経っていないですか？　はい・いいえ
10. 現在、体調不良（胃腸、肝臓、腎臓、更年期、婦人系、呼吸器、心臓など）はありますか？　はい・いいえ
11. 日焼け直後、または日焼けをする予定はありますか？　はい・いいえ
12. 睡眠は平均６時間未満ですか？　はい・いいえ
13. 食生活は外食が多く、栄養バランスは偏っていますか？　はい・いいえ
14. 脂っぽい、甘い食品は好みますか？　はい・いいえ
15. サプリメントなど栄養補助食品は摂っていますか？　はい・いいえ
16. 現在、ダイエット中ですか？　はい・いいえ
17. 便秘症、または下痢症ですか？　はい・いいえ
18. 紫外線を浴びる、戸外にいる機会は多いですか？　はい・いいえ
19. ストレスは多いと感じますか？　はい・いいえ
20. 常に冷えやむくみ、疲労を感じることはありますか？　はい・いいえ
21. 空気の乾燥（冷暖房エアコン、外気）をしている環境にいますか？　はい・いいえ
22. 目を酷使する仕事、またはそのような生活をしていますか？　はい・いいえ
23. コンタクトレンズは使用していますか？　はい・いいえ
24. 女性の方にお聞きします。現在、妊娠中・授乳中ではありませんか？　はい・いいえ
25. 生理中、または生理がくる１週間以内ですか？　はい・いいえ

私の店のフェイシャルカウンセリングシート（裏面）

エステティックサロン・リラクゼーションサロンに求めるものを教えてください。
□内に1～5の番号を優先順位でご記入ください。

≪技術≫　≪サービス≫
≪過ごし方≫

□効果の実感　□予約の取りやすさ・営業時間　□とにかくゆっくりしたい
□持続力の良さ　□接客態度・サロンの雰囲気　□　寝たいので静かにしてほしい
□丁寧さ　□提案・アドバイス　□　出来るだけ急いでほしい
□施術のスピード　□通いやすさ・立地　□　楽しくお話をしたい
□説明や知識の豊富さ　□評判・口コミ　□喋るのは苦手
□その他＿＿＿＿　□＿＿＿＿　その他＿＿＿＿　□＿＿＿＿　その他＿＿＿＿

＜サロン記入欄＞ヒアリングシート　／　（　）担当：　時刻　：　～

1. サロンでの過ごし方・こだわり

2. ホームケアについて

3. これまでのサロンでの不満・嬉しかったこと

4. 当サロンを選んだ理由

18 お客様の心を開く「聴く力」とは

絶対にお客様を否定してはいけない

お客様の反応率を高めるのは、ずばり「聴く力」です。

カウンセリングをしながら、美容に関して絶対に悪影響をおよぼすと思っても、エステティシャンとしては、決して**お客様を否定してはいけません**。なぜなら、否定した途端にお客様は心のシャッターを閉めてしまい、なかなか心を開いて話をしてくれなくなるからです。

否定されると、お客様は、「この人に話をすると注意されたり、怒られるのではないか」と思ってしまい、もう自分の話はしたくないと思ってしまうものなのです。

これでは、お客様の悩みを解決するための、原因追究を目的としたカウンセリングが台なしになってしまいます。

では、どのような返し方をしたらいいのか、よくある事例でお伝えしましょう。

お客様「ラーメンが大好きで、太るからいけないと思ってはいるけど、スープまで全部飲み干しちゃうのよ」

エステティシャン「そうなんですね、ラーメンが本当にお好きなんですね。太るとわかっていてもスープまで飲み干すなんて、そこのお店はよっぽどおいしいんですね」

お客様「そうそう、すごくおいしいのよ。とくに先日行った〇〇っていうお店は今までで一番だったの」

エステティシャン「そうだったんですね。うちのサロンでもラーメンが大好きなスタッフがいるので、教えてあげますね、きっと喜びます。ありがとうございます。今日は食べた分だけしっかりといつも以上に揉みほぐしていきますね。たくさん汗をかいていただきますから覚悟してくださいね」

エステティシャン「外食はどのくらいのペースでなされるのですか」

お客様「そうね、月に1回くらいかな」

エステティシャン「お仕事の帰りに同僚や部下の方たちと行かれるのですか」

お客様「いいえ、仕事が終わったあとだと夜が遅くなるから、早く帰って寝たいの。外食は休日に友人と行くのよ」

エステティシャン「そうなんですね。お友だちとラーメン屋さんで女子会もいいですね。お仕事で夜遅くなるのは大変ですね。いつも遅いのですか」

お客様「そうよ、いつも遅くてお肌によくないわよね」

エステティシャン「職場でストレスがあったり、睡眠時間が十分取れていない感じでしょうか」

お客様「職場ではときどきイライラもするけど、やりがいがあるから仕事は楽しいわね。でもやっぱり睡眠時間は短いわね」

エステティシャン「仕事にやりがいがあるって素敵ですね。お話を伺っていても○○様は周りの方から、信頼されて慕われているのがよくわかります。バリバリ仕事をしていて疲れは取れていますか、朝起きたときにスッキリされていますか」

お客様「朝はいまいちシャキッとしないわね。だるさが残ってるって言うか」

エステティシャン「そうなんですね。人は眠っているときに、起きて動いている時間に傷ついた細胞や筋肉を修復したり整えたりしているんです。

疲れが残っているということは、修復するための十分な睡眠が取れていないとか、睡眠の質がよくないのかもしれませんね。そうするとお肌にも影響が出てしまうことがあります。お肌を元気にさせるためにも、短い睡眠時間でも良質な眠りを心がけるといいと思います」

お客様「そうだったのね、だから疲れが取れないのね。良質な眠りってどうしたらいいの？」

エステティシャン「好みのアロマを焚いたり、湯船に浸かったり、リラックスできる環境を工夫するとよろしいかと思います」

お客様「そうね、今日から取り入れてみるわ。ありがとう」

いかがでしたでしょうか。この会話でエステティシャンはお客様を一切否定していません。否定をするどころか、共感し認めていることに気がつきましたか。

お客様を認めてあげることで、どんどん話をしてくれるので、多くの情報を聴き出すことができます。これがカウンセリングの「聴く力」です。この力をつけることで、お客様の求めていることや知りたいことを把握したうえで提案できるので、お客様の反応が変わり、また次回も来店したいとなるのです。

「聴く力」は共感することから

ありがちな失敗は、「ラーメンのスープを全部飲み干すなんて、太っちゃいますよ。ダメですよ、せっかくダイエットしているのだから、控えなくてはダメです。我慢してください。ラーメンはスープまで飲んだら1000キロカロリーくらいあるんですよ」とダメ出しすること。

こう言われたらお客様はどう思うでしょうか。「太ることはわかっているけど、何もそこまで言わなくたって……」というのが正直な気持ちです。

毎日遅くまで仕事をして、ひと月に1回、やっとの休日にラーメンを楽しみながら友人と過ごしたのに、わかってもらえないと悲しくなってきますよね。そんな悲しい気持ちにさせないためにも、「聴く力」を身につけてカウンセリングしていきましょう。

19

動機を探るカウンセリングでお客様の心の声をくみ取る

悩みの3ステップ

カウンセリングでは、まず初めになぜ来店してくださったのか、動機を確認していきますが、お客様の望んでいる理想が本当は何なのかに気づかなくては、心から満足していただくことはできません。

悩みは様々な過程や事情があって成り立ち、それが表立ってきて初めて悩みとして認識されます。お客様は目に見えることで気になるから、どうにか改善、解消したいと考えるのです。

悩みができ上がる順序としては次のようになります。

【潜在的】な悩み→【深層的】な悩み→【表面的】な悩み

この3つを1セットとして考えなければ、お客様を心から満たすことはできません。この3つを意識しながらお客様の悩みの改善、解消に向けてカウンセリングを進めていきましょう。

ダイエットを目的として来店されたお客様の例で、実際のカウンセリングの場面を見てみましょう。

エステティシャン「ダイエットをされたいとのことですが、現在の体重は何キロでしょうか」
お客様「55キロです」
エステティシャン「理想の体重はどのくらいですか。いつまでにというご希望の期限はありますか」
お客様「3ヶ月後には45キロくらいにしたいのですが……」
エステティシャン「そうなんですね、何かイベントとかがあるのですか」
お客様「いえ、とくにないんですけど、最近太ってしまったので、夏までには痩せたいなと思って」
エステティシャン「そうなんですね。1ヶ月に3キロペースなので適切な落とし方ですね。無理なくできると思いますよ」
お客様「1ヶ月で3キロかー、いけそうですね」
エステティシャン「いけますよ。夏は肌を露出する機会が増えるので、今からダイエットに取り組めば自信を持ってミニスカートやキャミソール、水着などが着れますね」
お客様「今年の流行の水着を着て、海やプールにも行きたいと思って」
エステティシャン「そうですね、いいですよね。水着は何色がいいですか」

お客様「まだ持っていないから、ピンクにしようかな」

エステティシャン「○○様は肌がお白いから、パステルカラーがお似合いになりそうですね。派手なピンクのほうがお好きですか」

お客様「いえ、淡いほうが好きです。男性受けもよさそうですしね」

エステティシャン「よくご存じですね。たしかに派手なのよりはナチュラルなほうが男性は好感を持つみたいですからね。せっかくですから、周りからかわいいって言われたいですよね」

お客様「ええ、言われたら嬉しいですね。いい出会いがあればいいんですけどね」

エステティシャン「そうですね。では気が早いかもしれませんが、素敵な彼氏をつくるためにも目標体重に向かって頑張っていきましょうね」

お客様「はい！　頑張ります」

来店動機と本当の願望を知る

このカウンセリングで、お客様に質問をしながら、来店された「本当の悩み」と「なりたい理想は何なのか」を探ることができました。

このお客様は、最終的には「おつき合いできる男性を見つけて幸せになりたい」という本当の願望があり、それを実現することが、満足のいく結果になるのです。「痩せたい」は表面的な悩みで、「幸せになりたいからダイエットをしたい」という確たる動機があるのです。

この動機と本当の願望を知ることができれば、お客様の心に寄り添った応援ができ、ダイエットの効果も出やすくなりますし、成功もしやすくなります。

この例では、

潜在的な悩み「幸せになりたい、彼氏が欲しい、かわいいって言われたい」

↓深層的な悩み「淡いピンクの水着の似合う体型になりたい」

↓表面的な悩み「ダイエットでマイナス10キロ」

となるわけです。

このようにカウンセリングでは、常に、なぜ今の悩みを解決、改善したいのかという動機と本当の願望を、お客様に質問をしながらくみ取ってください。

表面的な結果だけではなく、心も満足できるカウンセリングで、お客様との信頼関係がさらに強くなるはずです。

20

カウンセリングは笑顔よりも真剣な表情でメモを取りながら

お客様の心の変化を察する

「お客様との関係がうまくいかない」

「お客様がなかなか心を開いてくれない」

このように悩むエステティシャンがたくさんいます。

カウンセリングでは、向き合うエステティシャンの姿勢や態度が、お客様にどのように伝わるか、お客様の感情を理解しなくてはいけません。それを理解することで、お客様の心の開き方や反応を変えていくことができるので、非常に重要なことと言えます。

いくら高い技術力があって知識が豊富でも、お客様の気持ちに寄り添えなければ、こちら側の意見やアドバイスは受け止めてもらえません。そして最終的にそのお客様に合った提案はできずに1回きりの来店になり、長く通ってくれることはないでしょう。

寄り添うというのは、お客様と同じ気持ち、心境になってともに歩むということですから、ご来店のお出迎えからお見送りまで、お客様の心の状態を察しながら、エステティシャンもその気持ちに合わせて、カウンセリングをしていきましょう。
お客様の心境の変化は、次のようになります。
・初めて来店されたとき→**不安、迷い、緊張**
・ビフォーカウンセリング終了後→**安心、期待**
・ミドルカウンセリング→**自分のことを知って欲しい、関心を持って欲しい**
・アフターカウンセリング→**高揚、満足、信頼**

お客様のこの気持ちになって、エステティシャンの姿勢もメリハリをつける必要があります。

お客様が不安、迷いを持っているときは、**「真剣な表情」「メモを取る」「あいづち」**の3つの姿勢を示すことで、「私はあなたの話をしっかり聴いていますよ」とお客様に伝わります。この姿勢ができていないと、お客様に流れ作業的で適当な印象を与えてしまったり、話を聴いてやっているといった傲慢な態度に見えてしまうのです。

それではお客様は心を開いてくれず、本来10の引き出す内容があったとしても、1しか引き出せないことになるのです。10のうち1しか引き出せなければ、お客様に合った提案やアドバイスはできないでしょう。

初めの不安、迷いなどの気持ちが少しずつリラックスしてきたら、**笑顔を見せてケアの提案**をしていきます。施術後、結果が出たら一緒に喜び、お客様の気持ちをさらに高めるようにすると、お客様は満足感を持って気持ちが信頼に変化し、今後につながっていきます。

お客様の話をただ受身に聴くのではなく、その方を深く知ろうと関心を持たなければ、会話は止まってしまいます。関心を持っている意思表示として、話を広げたり掘り下げたりと、変化をつけるといいでしょう。

例えば、「もう少しお話を聴かせてもらってもいいですか」「なるほど、それでどうだったのですか」など、お客様が気持ちよく話せる雰囲気をつくることを意識しましょう。初めは意識的でも、経験を積むことで無意識にできるようになります。

自然にお客様が話してくれる雰囲気

お客様の気持ちに寄り添い、関係性が上手くいっているエステティシャンは、割合で言えば、**7対3でお客様が話をしている**のです。

エステティシャンが聴きたいことを聴くのではなく、お客様が言いたいこと、受け止めて欲しいことや願っていることを、自ら話してくれるような雰囲気を、無意識につくることができているのです。

お客様が話しやすい雰囲気を自然につくることができれば、お客様はさらに信頼を深め、こちら側の提案や意見、アドバイスを受け入れやすくなるのです。

お客様から「○○さんとなら本音で何でも話せる」と言われるような強力なカウンセリング力が身につけば、何回でも繰り返し来店してくれることでしょう。

21

お客様を洞察するために常に「なぜ？」を考える

観察力・洞察力でお客様の本当の心と身体の状態を知る

お客様をカウンセリングするには、「観察眼」を養わなくてはなりません。要するに観察力と洞察力を身につけ、気づきを得るということです。

観察力とは、お客様の表情、服装、髪型、癖といった目に見える要素から、情報をどれだけ多く見つけられるか、という力です。これを活かすことで、「あれ、今日は何だかいつもと違う」と察することができます。

一方、洞察力は、観察した事柄からお客様の体調や心理などの目に見えない部分を見抜き、推理する力です。「あれ、今日は何だかいつもと違って疲れている表情をしている。昨日あまり眠っていないのかな」などとなります。

このように、細かく観察していなければお客様を洞察することはできません。カウンセリングではお客様のちょっとした変化にも気づき、そこから推理し、言葉にしていない本質を見抜く力が必要となります。

例えば、顔色が冴えない友人に「何だか疲れているみたいだけど大丈夫？」と聞いたときに、友人が「大丈夫だよ」と答えたとします。でも、明らかに顔色がいつもと違うわけですから、大丈夫なはずはありません。その友人は嘘を言ったのです。なぜ、大丈夫と言ったのかというと、心配をかけたくないという気持ちがあったからです。

観察眼を養うことで的確にカウンセリングができる

言葉だけをそのまま受け止めてしまうと、相手の本質を見抜くことはできません。言葉では嘘を言っていても、本質は違うことを見抜く**観察眼を養うことで、お客様を気づかった提案や接し方ができる**のです。また、観察眼を養えば、トラブルやクレームを未然に防ぐといったことにもつながってきます。

この人は勘が優れているな、的確な質問をするなという人は、観察眼の鋭い人です。では、どこをどう観察すればいいのかと言うと、お客様の観察ポイントは次のようなところです。

・**顔**（表情、色、視線、髪型や質）
・**声**（トーン、リズム、テンポ、大きさ）
・**身体**（体型、姿勢、呼吸、匂い）
・**性格**（癖、言葉、発言、しぐさ）
・**身なり**（服装、靴、持ちもの、化粧）

この観察ポイントと、お客様の言葉から変化に気づくことが大切です。
さらにお客様を洞察するには、お客様の背景に隠れている本質を想像していくのですが、その際には自分の価値観や考え方、常識を捨てなくてはなりません。「AならばB」と決めつけてしまわないということです。「Bかもしれないが他の可能性もある」と柔軟な思考を持ってカウンセリングに取り組んでいきましょう。

観察→洞察のポイント

観察して洞察につなげるには、5W1Hで考えることです。

・**誰**……誰が関係しているのだろうか
・**いつ**……いつからなのだろうか
・**どこで**……どこで起こったのだろうか
・**何が**……何かあったのではないだろうか
・**なぜ**……なぜ起こったのだろうか
・**どうやって**……どうやって起きたのだろうか

表情が暗い、疲れている様子のお客様には、なぜそんなに疲れているのだろうと考えて、「昨日は夜遅かったのですか？　お仕事がお忙しいんですね」「何だかいつもと違って疲れたお顔に見えたので」と接することで、「たしかに最近、寝不足が続いていたけど、自分では疲れて見えているなんて気がつかなかった」とお客様自身もハッとする指摘ができます。

観察眼を養い、カウンセリングではお客様の来店動機や悩み、ライフスタイルなどに寄り添っていけるように、常に「なぜ？」を考えていきましょう。

お客様にとって表面的なその場限りのエステティシャンと、長いつき合いのできるエステティシャンのどちらがいいかは明白です。今後、このようなカウンセリング力を身につけることによって、お客様にとってあなたはなくてはならない存在になることでしょう。

4章

お客様の求めているものを引き出す接客法と会話術

22 自分が先にお客様を好きになることで好意が返ってくる

エステティシャンとの関係性が深まらないと、お客様は繰り返し来店してくださいません。そこでこの章では、100回再来店する、お客様との関係性を深めるコミュニケーションスキルをお伝えします。

自分からお客様に好意を持ち、伝え続ける

エステティシャンは技術・サービスを提供し、お客様はお金を支払うといった単なるギブ&テイクの営利だけの関係では、お客様は簡単に店から離れていってしまいます。「与えて受け取る」ではなく、与えることを繰り返すことで信頼され、心の距離が縮まっていくのです。

お客様が本当に求めているものを引き出し、理解するには、知識や技術・サービスを与えるだけではなく、同時に関係性を深めるためのコミュニケーションスキルを身につけ、心を開いてもらう努力が大切なのです。

心理的に、人には相手に好意的な態度や言動を取ると、相手も好意的な印象を持ち、好意を返

してくれる可能性が高くなるという「好意返報性の法則」があります。好きと言われれば好きになり、嫌いと言われれば嫌いになるといった心理です。

コミュニケーションはビジネスでもプライベートでも必須ですが、プライベートでは上手くいくのに、お客様とのコミュニケーションは苦手というエステティシャンが多くいます。

そのような人は、まず**自分が先にお客様を好きになる**ことを習慣にしてみましょう。

誰にでも好かれたい、嫌われたくないという気持ちがあるものです。好意を持って接することで「気にかけてくれている」「好意は好意で返したい」とお客様は思ってくれるのです。ただし、一時的な感情ではなく、長くその気持ちを持ち続けなければお客様には伝わりません。「いつも感謝の気持ちを伝える」「家族のように心配する」「来店しているとき以外にも思っている」など、ゆっくりじわじわと時間をかけて継続的に好意を伝えることです。

そうすることで、最初はそれほど興味を持っていなかったお客様側も、しだいに好意を持って心を開いてくれるのです。

喜びも悩みも共有できる感情のコミュニケーション

お客様とのコミュニケーションの取り方が上手くない人は、言葉だけで何とかしようと考え、言葉に頼ってしまいがちです。コミュニケーションは言葉だけではありません。表情、思考、ジェスチャー、アイコンタクトなど、すべての感情・態度が含まれています。

とくに意識を向けなくてはならないのが、感情のコミュニケーションです。

お客様を好きになることで、共感したり、相手の気持ちに自分を置き換えたりすることができるようになります。一緒に笑ったり、喜びを表わしたり、泣いたりと気持ちを共有することで、やがて親密になっていくのです。

コミュニケーションは言葉だけではないことに気がついて、苦手意識を克服してください。

友人でも恋人でも同じことが言えます。長くつき合っている人は、たぶん「自分から好意を持った人」、あるいは「自分に好意を持ってくれた人」でしょう。つき合うきっかけは何だったかと考えると、「何となく」「気づいたら」「いつの間にか」好きになっていた、仲よくなっていたということが多いでしょう。そんな人とは、ときには悩みを共有したり、励ましたり。無言だったとしても相手は受け止めてくれるのです。

このようにどちらかが先に好意を持ったことがきっかけで、深い人間関係が築けるようになるのです。ですから自分から先にお客様を好きになることが、コミュニケーションを深める一番の必勝法になるのです。

23

気持ちよく話せるように会話の主導権をお客様に渡す

お客様に心を開いてもらうためには、会話の主導権をお客様が握るようにエステティシャンが導き、リードしてあげることが基本になります。

では、どのようにリードしていくのかというと、「引き出す質問」です。

●共通点を探す質問

誰でも初対面の人と話をするときには緊張します。

話をするのが苦手、人見知り、会話が続かなくて気まずいなどの理由はあるでしょうが、お互いに共通の話題があれば安心することができ、「この人と話が合うかも……」と自然と打ち解けることができます。

会話の中で「ご出身地はどちらですか」「どんなご職業ですか」といった質問を投げかけながら共通点を探していくと、話題が広がりやすくなり、話しやすい雰囲気になります。

●花を持たせる質問

私のサロンがある茨城県つくば市は、多くの研究所や医療機関があり、お客様も自然とそのような関わりの人がサロンに来店されます。しかし、得意なことや成功したこと、実績などは、自分からはなかなか言いにくいものです。でも、気持ちよく話せるテーマです。

そこでお客様に「成功した秘訣」や「今までの道のり」などを話していただけるように何気なく質問をすると、お客様は気持ちよく次々と話してくださいます。

●価値観を探る質問

お客様の価値観を知らなければ共有することもできませんし、認めてあげることもできません。「忙しい中でも何を大切にされているのですか」「仕事をするうえで常に意識していることは何ですか」など、相手にとって一番大切なことを聞くことで、お客様との関係性を深め、求めているものが何なのかを知ることができます。

●5W1Hの質問

Ｗｈｏ（誰が）、Ｗｈａｔ（何を）、Ｗｈｅｎ（いつ）、Ｗｈｅｒｅ（どこで）、Ｗｈｙ（なぜ）、Ｈｏｗ（どうやって）を質問に入れると、お客様の思考や感情、行動の理由がわかります。

お客様の「最近、ネット通販にはまっているの」というひと言に、「**何を**買っているのですか」

「**いつから**はまっているのですか」「**なぜ**、ネット通販にはまっているのですか」などの質問をしていくと、お客様の背景が見えてきて、会話が深まっていきます。

●逆質問

お客様から質問を投げられたときに、自分の返答だけでは会話のキャッチボールは終わってしまいます。質問に答えた後、「○○さんはどう思いますか」「○○さんだったらどうしますか」と逆に質問を返すとお客様も話ができ、自分だけの話にならず楽しい会話になるのです。

話し上手な人は、**できるだけ多くの質問をして（最後に「？」がつく質問）、共通点を探す**努力をしています。そして、話をしているお客様を気持ちよくさせる受け入れ方をしています。つまり聞き上手なのです。話をしていて楽しい、心地よいと感じさせて、お客様が自らどんどん話をしてくれるようになれば、思っていることや悩んでいることを引き出すことができるのです。

しかし、会話が弾みすぎて予約の時間枠を越えてしまっては、他のお客様にご迷惑をおかけしてしまうので、その際は、「○○さんのお話が楽しくてこんな時間になってしまいました。お忙しいのにお引止めしてしまい、申し訳ございません」とお客様を嫌な気持ちにさせない**会話の締め方も覚えておく**といいでしょう。

24 雑談でお客様との心の距離を縮める

「雑談力」を磨くために

サロンに来店されるお客様との関係性を深め、「心の距離」を縮めるには、雑談力も必要になります。初めから自分の内面の深い話をしてくれるお客様はほとんどいません。雑談の中から内容が広がっていくことがほとんどです。何気ない会話からライフスタイルや好み、望んでいるもの、悩みの原因など、お客様を知る情報が見えてくるのです。

雑談の延長で、人間関係の悩み相談を受けることもあるかと思います。

会話もなしにいきなりカウンセリングや施術、ケアに入ってしまっては、お客様の心はこわばった状態のままです。その空気を和ませるのが雑談なのです。

カウンセリングに入る前や本題に入る前には、共通点や興味を持ってくれるような会話をし、お客様の心を開きやすい雰囲気をつくるようにしてみてください。そうすることで、お客様はリラックスした状態になり、自分のことを話してくださるようになります。

雑談は、その内容によって2つに分けることができます。「個人的なことを含まないオフィシャル雑談」と「個人的なことを含むプライベート雑談」です。これを**お客様によって使い分ける**ようにすると不快な気持ちにさせることなく、会話を楽しめ、関係性が徐々に深まるのです。

●オフィシャル雑談

・**季節・気候**……とっかかりに無難な話題
・**ニュース**……明るいニュース、トピックス的なことを話題にする
・**テレビ**……まずお客様の好みを聞いてみる
・**スター・スキャンダル**……悪口は差し控える

●プライベート雑談

・**趣味・道楽**……これまで打ち込んできたこと、最近こっていること
・**旅**……最近行ったところ、印象に残っていること
・**衣食住、生活全般**……心がけていること、暮らしのコツ、悩み
・**健康**……健康法・心がけていること
・**食べ物**……好み、苦手なモノ、話題の食品・レストラン
・**出身地・田舎**……喜んで話してくれる出身地、自慢できること、思い出
・**知識・勉強**……これまでやってきたこと、最近興味を持っていること

・友人・知人・異性……楽しい出来事、エピソード、どういう人が好きか・嫌か

初めて来店された人には、まずはオフィシャル雑談から入り、ミドルカウンセリングのときにプライベート雑談にシフトしていくようにします。

お客様と価値観を共有するために自分も体験する

お客様との会話で意外と多いのが外食、ゴルフ、旅行の話題です。お客様と価値観を共有するには、**自分も同じ体験をする**ことによって共通点ができ、お客様は喜んでくださいます。

例えば、「○○のイタリアンが雰囲気がよくておいしいのよ」と言われれば、「素敵そうなお店ですね、今度行ってみます。」次回感想を報告しますね」とやりとりをすると、お客様に次回の来店を促すきっかけにもなり、感想を伝えることができれば、「あら、私が紹介したお店に行ってきたのね、よかったでしょ」と共感につながり、お客様は自分の言ったことに興味を持ってくれたことに嬉しくなるのです。

もしライフスタイルが合わなかったり、共通点がないなら、自分から積極的に共有する機会をつくればいいのです。こういう日常の積み重ねが、深い信頼関係を築き、お客様との心の距離を縮めることになるのです。

25

自分の価値を認めてくれる人には心を開きやすい

1つのことに絞ってほめる

誰でも自分の価値を認めてもらえることは大変嬉しいものです。しかし、価値を感じるものは人それぞれ違うということに注意しなくてはなりません。お客様が何を大切にしているのかを会話の中で把握し、1つのことだけに絞るのがポイントです。

よくありがちな「お客様をほめましょう」では何でもかんでもほめすぎてしまい、往々にしてあまり感情が入っていない印象になってしまいます。

それを見抜いたお客様にとってはお世辞に聞こえてしまうので、あくまでも本当に優れたところを、**感じたままに認めてほめる**ようにしましょう。

価値観の例としては、以下のようなことがあげられます。

・家族、子ども、ペット
・仕事、チームワーク、指導力
・健康、美容

・教育、勉強、知識への努力
・人脈、人とのつながり
・気持ち、愛、優しさ
・本物志向、こだわり、礼儀
・時間、効率
・ものごとの結果、正確性、完璧さ

このようなことについての価値を認めることで、「この人は自分のことをわかってくれている」「この人だったら信用できる」となるのです。

お客様を認めると反応が素直になる

お客様との会話の中で、このような例があります。

「毎日、仕事が忙しくて疲れちゃうのよ。部下の相談を聴いていたりすると、帰りが遅くなってしまうこともあって。家庭のこともあるから、家に帰れば育児や家事もしなくてはいけないし、仕事との両立って大変よね」

この話の中で認めてあげるポイントは、「仕事を頑張っている」「人とのつながりを大切にしている」「部下に信頼されている」「家庭を大切にしている」「育児・家事と仕事の両立に努力している」などがあります。

これを全部認めて「すごいですね」と伝えるよりは、「私は○○さんのここが素晴らしいと思います。私にはとても真似できませんよ。どうしたら○○さんみたいになれるのかなと思っていたら、やっぱりとても頑張っていらっしゃったんですね」と自分の環境や素直な感情と比較して、1つに絞って認めるようにすると、お客様は「理解してくれている」と心を開きやすく、話しやすい状態になるのです。

お客様にアドバイスとして、「もっとこうしたほうがよくなりますよ」「この商品を一緒に使うことでさらに効果を実感できますよ」とお伝えするにも、こちらから一方的に話をするのと、お客様の価値観や立場を認めてから話をするのでは明らかに違いが出てきます。

お客様に素直に話を聴いていただきたいと思うなら、まずはお客様を認めることから始めてみましょう。

こんなお客様にはこんな対応を

言葉で認めるのと同時に、エステティシャンとしてお客様の価値観に合わせた行動や言動で対応すると、さらにお客様との関係性が深まる要因につながります。次のようなことはその一例ですが、参考にしてください。

・**仕事を大切にしているお客様**には、エステティシャンとしても経験値や知識、仕事に対しての高い意識が求められます。

まだエステティシャンとしての経験が浅い人もいると思いますが、こういうお客様には、「勉強不足で申し訳ございません」と素直に対応し、お客様に教えていただく気持ちで頼るようにするとかわいがってくださり、たくさんの情報を教えてもらうことができます。

・**家族を大切にされているお客様**には、家族を気遣った対応をすることです。

お客様の旦那様の身体を気遣う声かけや、子どもさんの誕生日を覚えておき、「今日は○○くんのお誕生日ですね。おめでとうございます」などのひと言がお客様の喜びや感動につながります。

・**礼儀を大切にされているお客様**には、常に丁寧な言葉遣い、礼儀正しさが求められます。

エステティシャンにとって当たり前のことですが、とくに意識を集中して対応します。どんなに親しくなっても、くだけた言葉遣いはお客様を不快にさせてしまいます。

・**正確性や完璧さを大切にしているお客様**には、明確で具体的な説明が求められます。

「おそらく……」「たぶん午後の時間帯なら」などの曖昧な言葉は避け、お客様にとってデメリットとなる情報も細かくお伝えします。時間も正確に伝えることで安心感を提供できます。

・**優しさや愛情を大切にされているお客様**には、気持ちのつながりが求められます。

「いつも感謝しています」「ありがとうございます」は必ず言葉にしてお伝えします。ときには感謝の気持ちを手書きの手紙で出したりするといいでしょう。反応が変わってきます。

26

接し方と声かけでお客様の緊張を和ませるコツ

エステティシャンしだいでお客様の気持ちも変わる

エステティシャン側の考え方や捉え方、行動がお客様を緊張させてしまうこともあるので注意が必要です。ここではお客様を緊張させない会話や雰囲気を和ませるコツをお伝えします。

お客様と接するうえで大切なことは、**「あなたは私にとって特別な人」**と思うことです。数多くの顧客の中の1人と思っていては、お客様と真摯に向き合うことはできませんし、さりげない気遣いやお客様に合ったタイミングでサービスを提供することがむずかしくなるからです。

俗に言う「究極のサービス」とは個々に合わせたおもてなしであって、大勢いらっしゃるお客様すべてを同様に捉えてしまうマニュアルでは心を開いてもらえず、お客様が本当に求めているものを引き出せないのです。

「特別な人」とは、わかりやすく言えば家族、友人、恋人といった人になるでしょう。私のサロンでは**家族のように思ってお客様をお出迎え**しています。

例えば、ご予約の時刻にお客様が到着されない場合、1人の顧客だと捉えていたら、「何で時間どおりに来ないの？」とピリついた気持ちになりますが、自分のおばあちゃんが遠方から来る予定なのに来ないのであれば、「何かあったのかな？　事故じゃないかしら？」と心配になって電話をしてみますよね。

予約時刻から遅れて到着された際には、「何かあったのかと思って心配しておりました。何もなくて安心しました、よかったです」というような言葉がけをすることによって、お客様は「心配させてごめんなさい。少し渋滞があって……」と、延着を注意されるかと緊張していた気持ちが和み、これからは心配をかけないように気をつけようと思ってくださるのです。

このように「家族」と同じような気持ちで接することで、お客様に与える印象が１８０度変わり、雰囲気も和むのです。

名前を呼ばれることで特別感が生まれる

また、会話や声かけでは「お客様」とお呼びするのではなく、親しみを込めて「○○様」「○○さん」と名前でお呼びするか、敬意を示して「○○社長」「○○先生」とお呼びしたほうが、打ち解けて会話も弾みやすくなります。

サロンでは1回の接客で、**お客様の名前を10回以上言う**ようにすることで、お客様は特別に扱ってくれていると嬉しく思うのです。

実際に観察してみると、私がよく行く飲食店や美容室、ネイルサロンなどでも私の名前を何度も言ってくれます。先日初めて利用した旅館でも何かと私の名前で呼ぶので、回数を数えてみたら、1泊の間に30回以上は口にしていました。そのときの私は大変心地よく、「また次も利用したいな」と思ったのは言うまでもありません。

このように自分の名前が繰り返し呼ばれることで、お客様は、「特別感」「嬉しい」「またお世話になりたい、利用したい」などの感情が溢れる状態になってくるのです。

あなたも自分が客の立場になったとき、「お客様」と言われるのと、「○○さん」と名前を度々呼ばれるのとで、気持ちがどのように変化するかを考えてみてください。きっと理解できるはずです。

さらに、初めて来店された方やエステティックの利用が初めてのお客様の気持ちを和ませる、とっておきのコツがあります。それは、**ウェルカムドリンク**です。

誰にでも多少なりとも経験があるかと思いますが、緊張しているとき、ドキドキしているときには喉が渇きます。口を潤すと心が落ち着きやすく、気持ちに余裕ができるのです。

何気なくお出ししているように見えるドリンクでも、こうしてお客様の気持ちや体調を理解してさりげなくおすすめすることが、お客様を気遣った、気づかれないプラスアルファのサービスになるのです。

27

お客様の心理を理解して会話に活かす

記憶に残るエステティシャンになる!

エステティシャンとの何気ない会話が印象に残ったり、心に響いて記憶に残ることが、お客様にとって「またあのサロンに行きたい」という再来店のきっかけになることがあります。

逆に印象に残らないエステティシャンは、3日もすれば「あのとき担当してくれたのはどんな人だったかしら?」と記憶が薄れてきます。3週間もたつとサロンの存在も忘れてしまうことでしょう。

お客様にとって、周りを見渡せばあちらこちらに似たようなサロンはたくさんあるのですから、記憶に残らなければ、「違うサロンに行ってみようかな」と心移りをするのは当然のことです。

お客様は、「サロンで嫌な思いをした」「クレームをつけたくなるような不手際やミスがあった」からサロンから足が遠のくのではなく、**店の記憶がなくなり、存在自体を忘れてしまっていること**が大半なのです。

「いや、そんなはずはない」と思うかもしれませんが、人の記憶というのはそんなものなのです。

「今まで行ったことのあるお寿司屋さんを1分以内に10個書き出せますか」と言われたら、多くの人は、友人とのランチや家族と一緒に10店以上は行っているはずなのに、なかなか思い出せないでしょう。

エステティシャンとしても、お客様の記憶に残るような会話や接客をしなければ、「また会いたい」と思ってもらえず、いずれ忘れ去られてしまいます。意識して記憶に残るエステティシャンになることを目指さなければ、何度も繰り返し来店していただき、コミュニケーションを多く取る機会をつくることはできないのです。

お客様のこんな心理を理解する

では、どのように印象に残すかというと、お客様の心理を理解したうえで会話をすることがポイントとなってきます。

お客様は常に「歓迎して欲しい」「特別扱いして欲しい」「感謝して欲しい」と思っています。要するに、「数多くいるお客様の中の1人」ではなく、**「個」として認知して接して欲しい**と思っているのです。

私も長年にわたって接客に苦労しながら、お客様と信頼関係を築いてきました。その経験の一端を事例としてご紹介します。ぜひ参考にしてみてください。

●男性のお客様の心理と対応（内面、考え方、行動、姿勢を認める）

・プライドが高い、お世辞は通用しない

「○○さんって仕事ができる人だって人づてで聞きましたよ。かっこいいですね。最近はどんなお仕事に取り組んでいらっしゃるのですか」

・頑張っていることを認めて具体的にほめる

「20年もお店を経営されているなんて、本当に頑張っていらっしゃってすごいですよね。大変な苦労もあったと思いますが、長く経営できるコツを参考にしたいので教えていただけませんか」

・こだわっていることをほめる

「○○さんのクルマ、他の方とはちょっと違うこだわりがあってかっこいいですね。周りからそのように言われたりしませんか」

●女性のお客様の心理と対応（外見、性格を認める、共感して欲しい）

・服装や持ちもの、パーツをほめる

「今日も素敵なワンピースですね、品のいい○○さんにとてもお似合いです。いつもどこでお買い物をされるのですか」

・周りが気づかない頑張り、努力を認めてほめる

「最近、お顔だけじゃなくてお身体もツルツルですね。ボディクリームを毎日頑張ってつけていらっしゃるんですね。女子力が高いって○○さんのような女性ですね」

・共感して欲しい

基本的に女性のお客様は、自分の話を聞いて欲しいと思っているので、聞き役にまわりながら適切にあいづちを打ち、「すごい」「かわいい」「頑張っている」など、共感した言葉を伝えるのがよい。

このように男女の心理を理解して会話をすると、自分をちゃんと「個」として見てくれている、とお客様は会話を覚えていてくれます。信頼関係を築くには、印象に残る会話と記憶に残るエステティシャンを目指すことが大切です。

28

接客の基本として心がける7つのキーワード

接客において欠かせない7つのキーワードは次のとおりです。

①迷わせない、②不安にさせない、③待たせない、④恥をかかせない、⑤嫌な気持ちにさせない、⑥察する、⑦呼吸を大切にする。以下、それぞれについて説明していきましょう。

①迷わせない

お客様はメニューや商品がたくさんあればあるほど、何を選んでいいか迷ってしまいます。お客様を迷わせないように提案する習慣を身につけましょう。例えば、「フェイシャルメニューも気になるし、痩身メニューもやってみたい」という人に、あれもこれもとメニューの説明をすると、迷わせてしまいます。まずは、お客様の悩みが何なのかを把握し、**2つくらいのメニューを提案し、その中からお客様に選択してもらう**といいでしょう。

②不安にさせない

不安はすぐに不満に変わります。お客様は「この人、何だか自信なさそう、大丈夫かしら？」とエステティシャンを不安に思っていると、ちょっとしたことが不満に直結してしまうのです。お客様を不安にさせないためにも、自信を持って不安要素を取り除く努力をしましょう。

③待たせない

基本的にお客様は待たせないことです。ご案内もそうですが、例えば着替えなどが終わって、なかなかエステティシャンが姿を見せないのは、クレームや怒り、不満につながりかねません。お客様を待たせない工夫を考えてみましょう。

④恥をかかせない

人は誰でも少なからず自尊心があります。お客様の言ったことが間違っていたとしても、人から否定されると決していい気持ちはしないので、否定せず受け止める会話を心がけましょう。また金銭面でも、恥をかかせないように気遣った会話をしましょう。例えば「お時間に余裕があれば」と提案すれば、お客様は金銭面を理由にしているのではない断り方ができます。

⑤嫌な気持ちにさせない

お客様はこちら側の話を一方的に聞くのを嫌います。それが売り込みのトークなら、なおさらうんざりです。嫌な気持ちにさせないためにも、お客様が本当に聞きたいことだけを話すように、質問をしながらニーズをくみ取りましょう。

⑥察する

察する＝気配り、目配り、心配り、です。

「お客様が今、何をしたいのか」「何を望んでいるのか」を先読みできるように、お客様の視点に立つように心がけましょう。例えば表情や身体の動きなどで、「腰がお辛いですか？　よろしかったらお背中にクッションをお入れいたしますか？」とさりげなく言えるようなエステティシャンは、お客様から信頼されます。

⑦呼吸を大切にする

人は、自分と似た人に親近感や好意を持つ心理傾向があります。ですから、お客様と呼吸を合わせ、話すスピードやトーン、間を似せるといった方法でコミュニケーションを取っていきましょう。つまりお客様のペースに合わせるのです。

せかせかした口調で話す人に、ゆっくりとした口調で返すとイライラさせてしまうこともあるので、会話の呼吸を大切にするように意識してみてください。

5章

悩みを解決して望みを叶える提案力を身につける

29

未来の自分をお客様にイメージしてもらう

具体的な未来をイメージする

人は、「イメージできないことは実現できない」とよく言われます。お客様も同様で、具体的な未来をイメージしていただけなければ、漠然とした理想だけで終わってしまうのです。

求めている理想が曖昧なものではなく、しっかりとイメージできるように、エステティシャンが想像を膨らませて「見せて」あげることが非常に大切です。お客様がぼんやりとイメージしていることを具体的な言葉にして伝えることによって、お客様が何をすればいいのかがわかるようになり、行動が変わってくるのです。

お客様がサロンに来店するのは、施術を受けたり商品を購入するのが本当の目的ではありません。施術を受けて「求めている理想に近づきたい」、その商品が与えてくれる「何か」を手に入れたいと思って来店されているのです。

そのお客様の「求めている理想」や、商品が与えてくれる「何か」とは、悩みの解消であったり付加価値であったりします。

お客様にとってサロンで受ける施術や、サロンで手に入れられる商品とは、**その「理想」を現実にするための手段にしかすぎない**ということを忘れないでください。

そこで、その「理想」は、お客様の近い未来に叶えられることをエステティシャンがしっかり伝えてあげることが大切です。そしてそのためには、サロンに通うことも大事だけれど、きちんとした知識を身につけ、理想に向けて自分で継続して実行することも大事だということを伝えなければなりません。

なぜなら、エステティシャンがサロンでできることは限られているからです。

痩身を目的にサロンに通ってくださっているお客様を例にあげると、サロンでは脂肪の揉み出しや発汗などをやられているのに、サロンの外では脂質や糖分、食品添加物の多い外食ばかりをしていては、目標にしている理想の体重の実現はほど遠いわけです。

お客様との二人三脚

1年に8760時間ある中で、お客様がサロンに滞在している時間は、はたしてどのくらいでしょうか。極端に言って365日、ずっと来店してくださるお客様がいたとしても、多く見て1700時間くらいでしょう。

残りの7060時間はサロンの外で生活をしているわけですから、お客様にも「未来」をイメージしてもらい、サロンの外でも意識していただく必要があるのです。

お客様のこうなりたいという理想を叶えるためには、お客様とエステティシャンが、二人三脚で目標に向かって一歩ずつ確実に前に進むことが重要なのです。

「体重が45キロであったなら、どんなお洋服を着たいと思いますか……ミニスカート」
「そのお洋服は何色ですか……白」
「靴はどのようなタイプのものですか……ヒールタイプ」
「そのお洋服を着て、どこに行きたいですか……高級レストラン」
「誰と行きますか……彼と」
「彼と何をしますか……デート」

このような具体的なイメージがリアルに頭に思い浮かべられるようになると、**そのとおりになろうと潜在意識が働く**のです。

お客様に、「こうしたほうがいいんじゃないでしょうか」と提案する前に、「ダイエットに成功した自分」「肌悩みがなくなった自分」「魅力的な自分」を、まずはお客様自身に想像してもらってワクワクさせてあげましょう。

30

お客様の悩みを1つ解決すると再来店のきっかけになる

悩みが解決しても再来店してもらえる？

お客様は悩みが解決したら、もう次に来店する理由がなくなってしまいます。体調が悪くて病院に行き、原因がわかり、治療をしたり薬を処方されて回復すれば、その後、通院する理由はなくなるのと同じです。

しかし、あなた自身も思い当たることがあると思いますが、悩みはシミであったり、毛穴の開きやニキビであったり、バストやヒップであったり、痩せたいことであったり、たくさんあります。年齢を重ねれば重ねるほど、解決したい問題や悩みはますます増えていくことは自然の流れです。

ですが、いくらニーズがあっても、サロンによってフェイシャル専門、痩身専門と様々な形があるように、あれもこれもとお客様の要望に合わせてメニューにとりいれるのはそう簡単なことではありません。

では、どのようにすれば1つ悩みが解決して、さらに何度も繰り返し来店していただけるようなサロンにできるのでしょうか。

求めるものは次々に出てくる

ここで、エステティシャンが認識しなくてはならない大切なことがあります。

お客様はエステティックサロンに通い、悩んでいた問題が解決すると、そのときは満足します。しかし、お客様は結果が出たことで、今度は違った悩みや問題に直面し、不満が出てくるのです。それは1つの結果が出て満足したことがきっかけとなり、**お客様自身の視点がさらに高くなると**いうことです。つまり見える景色が変わったということです。

「体重を落としたい」

←

「メリハリのあるボディラインにしたい」

←

「ウエストや二の腕を引き締めたい」

←

「肌をきれいにしたい」

お客様は結果が出れば出るほど、求めているものが次々に変わり、どんどん新たな願望が出てくるものなのです。

例えば、着せ替えのできるリカちゃん人形が欲しくて、何とかおこづかいを貯めて手に入れたとします。やっとの思いで手に入れたわけですからもちろん満足です。しかし、しだいに物足りなくなって、やがて不満に変わるのです。「今度は華やかなドレスが欲しい」「次は似合う靴が欲しい」「ボーイフレンドや仲間が欲しい」と、次々に新しい欲求が出てくるということです。

逆に言えば、求めていることや望んでいることが以前と変わらないというお客様は、現状に満足できていないということになります。

お客様の悩みを解決することが再来店につながる

このように、お客様の悩みや改善したいことは決して1つではなく、次々とつながっていくことを知らなくてはなりません。

「塵も積もれば山となる」ということわざもあるように、**お客様の悩みを1つひとつ解決し、コツコツと実績を重ねていく**ことで、信頼も深くなり、「次はこうしたい、ああしたい」と頼られようになるのは間違いないことです。

お客様の悩みを解決してしまったら、来店する理由がなくなると考え、結果がすぐに出ないようにほどほどを心がけるエステティシャンもいるようですが、これは間違った考え方です。まず、お客様の悩みを1つ解決することが、何度も繰り返して来店してくださるきっかけになる、という考え方に変えていきましょう。

お客様の「喜ぶこと」を提案し続ける

31

自信を持って提案しないとお客様の心に響かない

もし、大切な友人や部下に悩みを相談されたら、あなたはどうしますか。

「なぜ、自分に悩みを打ち明けたのだろう」と理解しようと話に耳を傾け、「自分にできることはないだろうか」「力を貸してあげたい」と解決策を真剣に考えることでしょう。

これは、エステティシャンとお客様の関係でも同じことが言えます。

お客様は「何かに困っている」「悩んでいる」というテーマを持って、エステティシャンであるあなたを頼って来店されているわけですから、まず「期待に応えたい」「役に立ちたい」と思う気持ちが大切です。

お客様の悩みを解決するためにエステティシャンは、具体的な改善案や代替策を提案しながら、お客様の言葉の裏側にある潜在的なニーズをくみ取り、どう貢献できるのかを常に考え、目標実現のために手を尽くします。

しかし、どんなにお客様のことを思って提案しても、必ずしもその提案を受け入れてくれるとは限りません。それは、お客様によってそれぞれ価値を感じるものが違うということです。ですが、ここでエステティシャンの姿勢として大事なことがあります。

その提案が必要か、必要でないか、価値を感じるか、感じないかはお客様が決めることですが、エステティシャンであるあなたが、**いいと思う提案を自信を持っておすすめしない限り、お客様の心に響くことはない**ということです。

手段と本当の目的は違う？

私のサロンには、まつげが短いので長くしたいというお客様が、「まつげエクステ」をするために多く来店されます。そこで、「まつげエクステ」を施し、自宅用として「まつげの成長を促す美容液を使用することで、短いまつげの悩みが解消する」と提案します。

しかし、ここで意外なことが起こります。なぜか購買意欲の高いのは、おすすめした美容液よりも、新商品としてご案内したホームケア用の美顔ローラーなのです。10倍も値段が高いのにもかかわらずです。

ここでわかったことは、お客様の希望した「まつげエクステ」は顔の印象をよくしたい手段にすぎず、本当の潜在ニーズは、肌悩みであるほうれい線やたるみを解消して自信の持てる顔になりたいということで、そのために美顔器を求めたのです。

「お客様が求めていることは何か」を**「お客様が喜ぶことは何か」**に変えて、提案をしてみてください。

お客様が喜んでくれそうかどうかはエステティシャンが判断することではありません。お客様の反応を気にしすぎて提案をしない、おすすめをしないのではなく、**喜んでもらいたいと思ったことは、躊躇せず積極的に伝えるようにする**経験を積むことで、自然とお客様の心に響く提案力が身についてきます。

サロンで必要な3つの提案

・「いかに施術効果を持続させるかの提案」

エステティックサロンに来店されるお客様は、フェイシャルやボディなど何らかの施術をされます。その後、実感した効果を少しでも長く持続したいとお客様は思っています。そこでプロならではのケアの方法をお伝えしましょう。

・「来店することが楽しみになるような提案」

新しいメニューや新商品のご案内はお客様に喜ばれます。これは、サロンに通ってくださっているお客様だからこその特権でもあります。お客様から、「あなたのサロンは来るたびに新しい情報があって……教えてくれてありがとう」と言われるように、いち早く新鮮な情報をお伝えしましょう。

・「来店頻度の提案」

お客様の悩みや問題を早く解決するためには、効果的なサロンの通い方があります。何回くらい通うといいのか、どのくらいの頻度で通うのがいいのか、お客様は知りません。

手書きでもいいので、あらかじめ資料を用意して、「本来の肌はこのようになっており、現在○○様の肌状態は〜ですので、ターンオーバーを正常にさせるために2週間に1度のペースで□ヶ月くらい通われると効果的です」とわかりやすい説明を意識しましょう。

お客様に提案するのは「売る」ためではなく、悩みをとことん解消し、**お客様のこうなりたいを叶える選択肢を具体的に示す**ためです。しっかりと価値を伝えることを意識して、積極的にわかりやすく説明しましょう。

32

お客様自身が気づいていない潜在的な悩みを引き出す

「別にないです」「大丈夫です」という反応

お客様は「自分では気づいていない潜在的な悩み」や「言葉に出していない感情や気持ち」を抱えて来店されています。これに**お客様本人が気づいて意識する**ことでどんどん悩みが解決し、こうなりたいという願いが叶います。そのためにはエステティシャンが、お客様の本当の悩みや気持ちを敏感に感じ取りながら提案をする必要があります。

例えば、初めて来店されたお客様や、まだ心を開いてくださっていないお客様に、「何か他にお悩みになっていることやお困りのことはございますか」と質問したとしても、「別にないです」「大丈夫です」と言われることでしょう。

これは、心の距離がどうのこうのと言う以前に、お客様の気持ちや状況を無視した問いかけだからです。

エステティシャンとして気になる部分に絞って質問をする

お客様の状況を気にかけ、心配するとお客様の反応は変わってきます。

エステティシャン「何だかお顔がお疲れのようですが、心配ごととかストレスとか、とくに気になることがありますか」

お客様「まぁストレスは常に感じていますよ……こればっかりは仕方ないです」

エステティシャン「そうですか。今の時代、ストレスをなくすのはむずかしいかもしれませんね。ストレスを感じると自律神経のバランスが崩れやすくなって、睡眠障害やだるさや冷えなどの症状が出てくるのですが、そのような症状は感じられますか」

お客様「そう言われると、触るといつも足が冷たいかもしれません。これってストレスが原因なんですか」

エステティシャン「自律神経には交感神経と副交感神経があります。ストレスを感じると交感神経が優位になって、ストレスから身体を守ろうと筋肉を緊張させるノルアドレナリンやドーパミンといった伝達物質が脳から放出されると言われています。ですから筋肉が固くなり、血流が悪くなるのはストレスの影響で、冷えもストレスが原因の1つと言えます」

お客様「ストレスを解消することは、冷えの改善にもつながるのですね」

エステティシャン「さようでございます。ストレスを溜めない生活を送りたいですよね。ご提案として○○などを使って毎日リラックスされてみてはいかがですか。この商品は……」

お客様「そうね、使ってみようかしら」

エステティシャン「ありがとうございます。もし、使い方などわからないことがあれば、いつでもご連絡してください」

お客様「こちらこそありがとう。使うのが楽しみになってきました」

このようにお客様自身が気づいていない、悩みの原因を引き出す声かけを心がけることで、「大丈夫です」「別に……」といった返事はなくなり、「そう言われると、そうかも」となるのです。

「最近お忙しそうですね、お食事や睡眠などはバランスよくとられていますか」

「日に焼けているみたいですが、外にいる機会が多いのですか」

「ノーメイクですが、普段もメイクはあまりなされないのですか」

こうした、お客様が聴いて欲しいと思われる悩みやエステティシャンから見て気になる部分に絞って質問をすると、お客様自身が気づいていない潜在的な悩みが引き出され、感動されます。そして、その後に続くこちら側の話や提案を聴き入れてもらいやすくなるのです。

33 自分に問いかけて自分勝手な思い込みを捨てる

お客様のせいにしていた……

「私の提案を（なぜか）お客様は聴いてくれない」「お客様の心が（なぜか）見えない」と、私はずっと思っていた時期がありました。

せっかく時間もお金もかけて学んだ知識があるのに、なぜか肝心のお客様が聴いてくれないので活かす機会がないと、あろうことか、自分は正しくてお客様が間違っているとお客様のせいにしていたのです。

この考えの間違いに気がついていなければ、お客様からは嫌われ、私のサロンはとっくの昔になくなっていたと思います。

「お客様が聴いてくれない」というのは、私のただの思い込みだったのです。「聴いていただけるように**自分自身が変わる努力をしなかった**のだ」と、様々な経験をしたり、様々な人とおつき合いをする中でやっと気がつくことができました。

思い込んでいるときは、自分では疑いもなく当たり前だと思っているので、「このお客様は（なぜか）いつも提案を聴いてくれないから、言っても無理だ」「このお客様は（なぜか）情報を欲しがらないから、伝えなくてもいいや」「このお客様は（なぜか）技術やサービスにしか興味がない」と勝手に自分で決めつけてしまっていたのです。

このときの思い込みの**「なぜ」を、「どうしたら」に切り替える**ことで考える力もつき、お客様に対する気持ちが変わってきます。

「このお客様は（なぜ）聴いてくれないのか」を、「（どうしたら）聴いてもらえるのか」「（どうしたら）興味を持ってくれるのか」と自分への問いかけに変えることで、たとえそのときに結果が出なかったとしても、繰り返し問いかけをして、お客様に対する思い込みを捨てることが大切なのです。

お客様に聴いてもらう工夫

ここで重要なのが、先に「自分はどうしたいのか」を明確にすることです。

例えば、「このお客様は（なぜか）提案を聴いてくれない」という思いの中には、必ず、どうなったらいいのかがあるはずなのです。ここでは「私が提案したことに耳を傾けて欲しい」となるわけです。では**どうしたら耳を傾けてくれるのか**を考えてみます。

・あらかじめ目が届くところにＰＯＰを貼っておき、お客様に印象づけておく
・ＹＥＳ・ＮＯチャートをつくって、ゲーム感覚で楽しみながら提案を誘導してみる

・お客様に現状を知っていただくツールを使う（肌診断・体型計量器・毛細血管診断など）
・体験したお客様の感想などを書いて公開する

このように、「どうしたら」のために「何をすればいいか」を考えると、様々なアイデアが面白いほど出てきます。これを実践していけばいいのです。

提案とはお客様にぜひ伝えたい「想い」です。当然、「想い」とは自分自身が想っていることですから、お客様に察して欲しいというのは無理です。お客様に想いを伝えるには、**言葉や文章、さらにはＰＯＰやツールといった様々な角度でのアプローチが必要**です。

自分勝手な思い込みを捨てれば、どんなお客様にでも、提案は上手くいくようになるでしょう。

提案が上手くいく人とそうでない人の違い

34

お客様の生活を楽しくする

お客様への提案が上手くいくエステティシャンとそうでないエステティシャンとの違いは、**「お客様の潜在的欲求を満たすものは何か」**を理解をしているか、していないかです。

「この商品がないと何が困るのか」「このメニューを受けることでお客様の生活がどのように楽しくなり、前向きになれるのか」までを深く考えることで提案が上手くいくのです。

あの有名なジャパネットたかたの髙田明前社長は、「生活を潤わせ楽しくする、便利になる」というお客様の欲求を満たす商品は何かを常に追求し、意識していたそうです。

エステティックサロンに来店されるお客様の欲求は、「きれい、若い、変わらない」などがあげられます。

①いつまでも若くきれいでいたいという欲求
②子どもを出産しても「変わらないね」と言われたい欲求
③「きれいなママだね」と言われたい欲求

④相手に認めてもらいたい欲求
⑤ライフスタイルを楽しく便利にしたい欲求

こういった潜在的欲求を満たすものは何か。それが商品だったり、施術メニューだったりとなるわけです。この5つの欲求を最後のひと押しに使うとお客様の反応が変わってきますので、ぜひ参考にしてください。

施術に対する潜在的欲求を刺激するトーク

肌が乾燥しているお客様に保湿ケアを施したとしても、必ずしもお客様の潜在的欲求は「保湿をして欲しい」のではないのです。乾燥が原因でお化粧のノリが悪い、お化粧をしている自分が映る鏡を見るのが嫌い、ということもあるのです。

そういったことを見抜くことができれば、このようなトークになります。

「お化粧前にパックをすることで肌に有効成分がたっぷり入っていきますから、お化粧崩れやノリが悪いということも改善されますよ。お化粧のノリが悪いと老けて見えてしまうこともありますからね。これを使うことで劇的に若々しいお顔になれますよ。ご自宅でお使いになってみますか」

面倒なことは嫌だけど、きれいになりたい欲求を刺激するトーク

「毎日のお化粧、面倒ですよね。とくに朝はバタバタと忙しいですし。まつげエクステをやれば、ファンデーションや眉を整えるだけの数分でお化粧はすんでしまいます。残りの時間はゆっくりとコーヒーを飲んだり、お出かけの準備に当てられてバタバタした気持ちが余裕に変わって便利ですよ。やられてみませんか」

第三者やその道のプロの意見を借りるトーク

「この商品は、芸能人やモデルの間でも話題になっている美容ドリンクで、特徴は砂糖や添加物を使っていないことなんです。ですからカロリーを気にしている方や体型を維持したい方、美肌を保ちたいプロの方々から支持されているんです。しかも、サロンでしか手に入らない商品なんですよ。試されてみませんか」

お客様に自問自答してもらい、矛盾点に気がついてもらうトーク

「安いお洋服はたくさん買ってはすぐ飽きて捨てたりするのに、美容液やファンデーションにはあまりお金を使いませんよね。でも、よく考えてみると、一番人に見られているのは顔なんですよね。いつもきれいなお顔でいたいですよね」

お客様に提案することは、お客様に料理をお出しするのと同じだと思っています。料理の下準備に当たるのが材料、つまり商品や施術の特徴や、ウリは何かを事前に徹底的に調べておくこと。

また料理は、盛りつけしだいでお客様の反応が違ってきます。サロンでの提案も、エステティシャンの演出しだいでお客様の興味の示し方が変わってきます。

提案が上手くいく人には上手くいく理由が必ずあります。お客様の心理的欲求を掘り下げて深く考えることが提案上手になる秘訣です。

35 私の店の4つの再来店促進ツール

来店していただいた日に予約を入れてもらう

「技術・サービスが気に入ってくれたから、また来てくれるだろう」
「会話も弾んだし楽しそうだったから、また来てくれるだろう」
「次回の来店目安を伝えたから、その頃に来てくれるだろう」
「もう何回かリピートしてくれているから、また来てくれるだろう」

このように楽観的に考えるのも決して悪くはないのですが、お客様の再来店は確実とは言えないでしょう。また、お客様から予約を入れたいという連絡があっても、希望する日時がすでに他の予約で埋まっていたらお断りしなくてはならないこともあります。

お客様の求めている、「きれいになりたい」「痩せたい」「疲れを取りたい」という希望は、繰り返し来店されることで叶えられるのですから、お客様の「こうなりたい」を満たすためには、次の来店を確実にする必要があるのです。

お客様の再来店を確実にするには、来店されたその日のうちに事前予約を入れていただくことがベストの方法です。その日に次の予約を入れてもらうわけですから、お客様にとっては予約の電話をする手間が省け、サロンにとっては予約枠の確保ができるメリットがあります。

私のサロンの会員サービス

私のサロンでは、約90％が前回の来店時の事前予約のお客様です。当日の予約やご希望日時に予約を入れたいお客様をご案内することは、ほぼむずかしい状況になっています。そのことをお客様に伝えることで、さらに来店時に次回の予約を入れてくださるお客様が増えています。

このように、来店時に次回予約を入れていただく方法として、私のサロンでは次のようなツールを活用しています。

①スタンプカード

1回（5000円以上のご利用）の来店につき、1つスタンプを差し上げる。

さらに、事前予約を入れていただいた方には、もう1つスタンプをプレゼント。

②ランクアップ会員制

スタンプが期限内に貯まると、会員ランクが上がる。

レギュラー会員→ブロンズ会員→ゴールド会員→プラチナ会員→VIP会員と、ランクが上がるようになっている。

③会員ランクの特典

ランクが上がれば上がるほど様々な特典が受けられる。

ＶＩＰ会員の方にはお客様のネーム入りバスローブを用意し、専用スリッパをご提供している。また美容ドリンクやプラセンタゼリーなど、お客様の「もらうと嬉しい」といった声を採用し、総額２０００円相当の品を来店のたびに差し上げている。

④事前予約割引

メルマガ会員になってくださったお客様には、来店サイクルに応じて割引率を上げている。

２週間以内の再来店の事前予約なら会員ランクに応じて3〜20％オフ、さらに3週間以内なら、４週間以内なら、と早めのサイクルで再来店するとお得になるようにしている。

私のサロンでは、このようなツールで、お客様に次の来店日を提案する際に、お客様に迷わせることなく、なおかつ喜んで事前予約を入れていただけるようなシステムになっています。

これは当サロンが考えた再来店促進システムなので、あなたのサロンに合った再来店を促す方法を考える際の参考にしてください。

5種類のランクアップ会員カード

5000円以上の施術サービス、または商品を購入するとスタンプが1個貯まる仕組み。メルマガ会員、LINE会員に登録すると、事前予約を入れて予約どおりに再来店されたら1個スタンプをサービス。ランクアップするごとにいろいろな特典があり、割引率も上がる

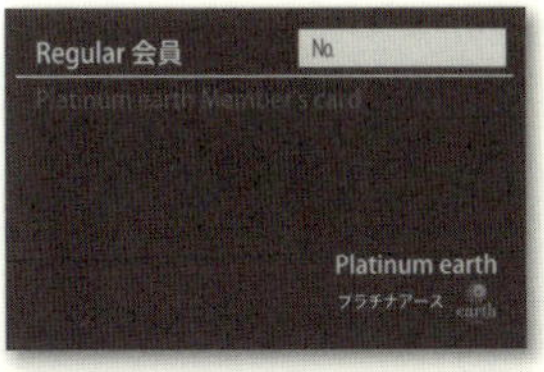

[レギュラー会員]

取得方法：初めて来店されたお客様にはこのカードをお渡しし、特別に2個スタンプをプレゼント

POINT：初回来店時から2ヶ月以内にもう1回来店すると、すぐにランクアップできるので、スタンプを貯める楽しみが実感できる

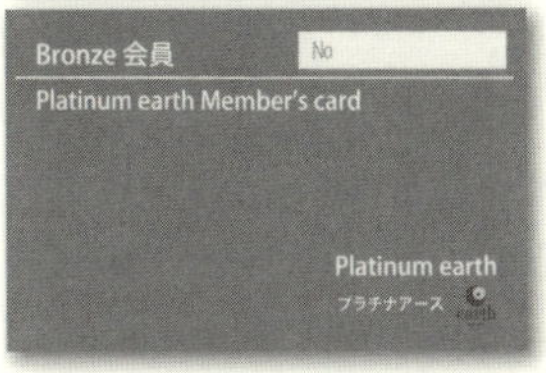

[ブロンズ会員]

取得方法：レギュラー会員として2ヶ月以内に3個スタンプを貯める

POINT：この会員から事前予約を入れると割引があるので、お客様にとってお得感がある

[ゴールド会員]

取得方法：ブロンズ会員カード発行から6ヶ月以内に10個スタンプを貯める

POINT：この会員から裏メニューのバースデイメニューがある。さらに毎回、ご来店時にお持ち帰り用のミネラルウォーターを1本プレゼント

[プラチナ会員]

取得方法：ゴールド会員カード発行から6ヶ月以内に20個スタンプを貯める

POINT：この会員から定休日でも事前であれば予約が取れるようになり、サロンを貸切ることができる。さらに毎回、ご来店時にお持ち帰り用のミネラルウォーター1本とプラセンタドリンクの総額800円相当をプレゼント

[VIP会員]

取得方法：プラチナ会員カード発行から4ヶ月以内に20個スタンプを貯める

POINT：専用アメニティとしてお客様のネーム入りバスローブ、スリッパ、カレンダーを特別にご提供。さらに毎回、ご来店時にお持ち帰り用の水素水1本、プラセンタゼリー、フェイシャルパックの総額2000円相当をプレゼント

6章

大事なお客様の来店を維持するには

36

来店するとどんな得があるのか、サロンの価値を伝えよう

ピカソも知らなければただの落書き？

人はエステティックサロンに行く必要がなければ、わざわざ行ってみようとは思いません。たとえ大切な人に誘われたとしても、行く意味がなければ断るでしょう。

お客様に選んでもらえない、再来店してもらえない原因の多くは、きちんとサロンの価値を伝えていないからだと言えます。

サロンの価値が正しく伝わっていなければ、「当店の1万円のフェイシャルエステは1万円以上の価値がある」と思っても、受ける側のお客様は、「1万円？　そんな価値があるかどうかわからないのに、払えるわけはないわよ」となるわけです。

誰が描いた作品かわからなければ、落書きとしか見えないような絵画は見向きもされませんが、あのピカソが描いた作品となれば、間違いなく高値で売買されることでしょう。**価値とは伝えて知らせなくては、存在しないのと同じ**なのです。

たとえエステティシャンが、「サロンに来店してくれればよさがわかる」「商品を使ってもらっ

たら価値がわかる」と、いくら自信を持っていたとしても、お客様には、「サロンなんてどこにでもあるし」とまったく伝わっていません。伝えたい相手に正しくわかりやすく伝えることで、お客様の中に初めて価値が生まれるのです。

お客様にとってどんな得があるのか

エステティックサロンの価値の伝え方は、お客様の心に届けるメッセージだと思ってください。サービスや商品価値は、商品の知識を伝えることではありません。お客様にとって価値と知識は別物です。これを勘違いしてしまうエステティシャンが少なくありません。

サロンに来ることでお客様にはどのような得があるのかを考えてみましょう。これがお客様にとっての最高の価値になるのです。

・何ができるのか、どんな体験ができるのか
・どのような効果があるのか、期待できるのか
・なぜこのサロンがよいのか
・何にこだわっているのか
・どんな悩みを解決できるのか
・このサロンでサービスや商品を購入したほうがいい理由とは
・このサロンでのサービスや商品でどんな幸せがあるのか

このような視点で自店のウリをまず書き出してみてください。書き出すことで、あなたのサロンの価値が見えてくることでしょう。

感動を人に与える自信と価値

ここでご紹介したいのが、私のサロンの建築に携わってくれた茨城県牛久市の「M・LAND」です。「M・LAND」は店舗デザインを得意として多くの実績を持っています。

なぜ、私が3店舗すべてのデザインや施工をここにお任せしたのかと言うと、「お客様の喜んでいる顔が見えている」からです。こちらの要望やコンセプトに対し、しっかりとヒアリングをし、デザインで人を幸せにして喜ばせてくれるのです。

驚かせてくれるようなアイデアで、感動を人に与える自信と価値を発信しているから、数ある建築デザイナーの中で、「ここで店舗をつくりたい」「ここにしか依頼したくない」と一度ならず二度、三度と依頼したくなるのです。

またそうした評判が口コミとなって、金額が少々高くても後悔せず惜しみなく出せます。これこそが価値なのです。

エステティックサロンでも、お客様に「ここでエステを受けたい」「ここで買い物をしたい」と思わせる、ここにしかない価値を伝えていきましょう。

M・LANDの打ち合わせ風景

エム・ランド建設株式会社
(http://www.m-land-design.jp/)

お客様が感じている自店の強みを知ろう

37

「お客様が感じているサロンの強み」とは何か

来店されたお客様を維持していくには、**お客様に選ばれる**サロンにならなければなりません。お客様がなぜ、あなたのサロンにわざわざ通わなくてはならないのか、なぜ他のサロンではダメなのか、あなたのサロンがないと困る理由をお客様に知っていただく必要があるのです。

サロンが存在し、お客様が料金を払って来店してくれているのは、どこかにあなたのサロンの強みや価値を感じてくれているからです。他のサロンとは違うから、あなたのサロンを選んで来てくださっているのです。逆に言えば、そういった強みや価値がなければ、サロンは存在できないのです。

そこで、他店と違う自店の強みを知るためには、「なぜ、お客様が来てくださるのか」をまずは知ることです。俗に言う自店の強みとは、サロン側が「ここがうちの強みです」と言っている勝手な見解です。例えば、立地、価格、メニュー数、クオリティ、知名度、各種サービス、接客、営業時間、スタッフ、在庫、特色などがあげられます。

しかし、私が大切だと思う強みとは、**「お客様が感じているサロンの強み」**です。それが何なのかに視点を当てるのです。当店では、初めて来店されたお客様に、「初めてのご来店になりますが、当店に来るきっかけは何だったのでしょうか」とズバリ聞いています。この質問の答えで意外と多いのが、「他のサロンでは合わなかったから」というものです。

お客様の不満や愚痴にヒントがある

そこで「お客様にとって何が不満だったのか」をわざわざこちらが聞かなくても、人には不満や愚痴を誰かに聞いてもらいたいという心理があるせいか、とくに女性のお客様は自らけっこう話してくれます。

「予約をしたのにもかかわらず、大分待たされた」
「すすめられてコース契約を組んだのに予約が取りにくい」
「こちらの希望どおりにならない」

こういった言葉を聞いて、「そうなんですね」で終わってしまってはいけません。その言葉にはお客様の「望み」という裏の側面があるのです。ここに「お客様が感じるサロンの強み」を探る大切なヒントが隠されているわけです。

お客様の生の声を分析する

「待たされた」ことに怒っているのなら、待たせてしまったことへの謝罪の言葉や気遣いの声かけがあれば、もしかしたら不満にならなかったかもしれない。「コース契約を組んだことに後悔しているのか」「予約が取りにくいことが不満なのか」など、お客様の声から自問自答を繰り返すのがポイントです。

そこから自店の長所＝強みをつくり出して、他店よりも優れている点、あなたのサロンでしかできないこと、味わえないこと、魅力をアピールして、他と同じではないサロンにしていくことで、誰でも自店の強みを表現することができます。

「他店とどう差別化していいのかよくわからない」「競合店が増えすぎて、どうしたら自店が選ばれるのか」といったことで悩んでいるのなら、既存のお客様から「なぜ、当店を選んでくださったのか」を聞いてみることです。

曖昧な「施術が上手いから」「親切だから」「人がいいから」などの答えだったとしても、なぜそのように答えたのか理由を探り、他のサロンにはない発想や、他ではやっていないことを明確にお客様に伝えていきましょう。

お客様に価値を伝え続けることがお客様を維持し、売上げを上げていくことになるのです。

38 体質改善を目指すホームケアアドバイスの提案

ダイエット成功のゴールとは

お客様を維持していくには、エステティシャンが親身になって、本気でお客様の悩みを解消させたいという気持ちを表現しなくてはなりません。

そこで必要なのが、お客様がサロンを出た後に、どのようなことを意識したらいいのかを、アドバイスとして受け入れられるように丁寧に伝えることです。

サロンに通っていただいている間に、**お客様に自分の身体を管理することを学んでもらう**ことができて、初めてエステティシャンがお客様のお役に立つことができる、と言っても過言ではないと思います。

例えば、ダイエットを目的に来店されたお客様が、サロンに通っている間だけ一時的に体重が落ちたとしても、体質が改善されなければリバウンドしてしまいます。これではダイエット成功とは言えません。

信頼されるエステティシャンは、**ホームケアアドバイスと施術で無理なく太りにくい体質に変える習慣づくり**が重要だと考えています。

精神的にも支えながら、毎回アドバイスさせていただくことで、お客様の健康を害することなく、身体の内側から体質改善していただくのです。

それ以降はダイエット目的でサロンに通わなくても、生活習慣が見直され、お客様自身がアドバイスとして伝えられた知識を活かすことで、頑張らなくても体重維持ができて初めてダイエット成功と言えるのです。

ホームケアはアドバイスシートで

肌悩みでも同じことが言えます。間違ったお手入れ方法で肌にダメージを与えてしまっているお客様に、施術だけで美肌になっていただくことは困難です。ここでもしっかりとホームケアとして、基礎化粧品の見直しなど、納得して取り入れていただく必要があるのです。

お客様に納得していただくには、カウンセリングが前提になりますが、そのカウンセリングでは、お客様の信頼を得ることがまず第一に大切です。

信頼される方法はいろいろありますが、化粧品を2ヶ月使って使用前と使用後の写真を比較したり、美顔器を半顔だけ使って比較する方法などがよく取られます。

私のサロンでも、この方法を私自身で試した写真で比較しています。私自身が被験者になっているのですから、お客様にとってとてもリアルで、納得してもらえるものになっています。

ホームケア商品や食生活、運動習慣などについての提案は、お客様の悩みを改善したいと思うなら真剣に取り組むべきテーマだと私は思います。

商品をおすすめすることに引け目を感じているとしたら、それは「売ろう」としているからです。「売ろう」「買ってもらおう」ではなく、お客様から聴いた悩みに対してどうなってもらいたいのかを考えたら、改善のための提案をしないのは、お客様に無関心で失礼なことではないかと思っています。強引なおすすめではマイナスの印象を与えますが、その方を思っての提案ならば悪い印象を与えることはないと思います。

さらに私のサロンでは、お客様にセルフケアとして覚えきれないことを確認してもらうために、アドバイスシートを作成しています（次ページ参照）。

「カウンセリングでお伝えした内容を意識してもらう」「時間内にお伝えできなかったことを自宅に戻って読んでいただく」。そのためにこのシートをお渡しして、お客様の悩みの改善に役立てていただく取り組みをしています。

肌悩みのセルフケア用のアドバイスシート

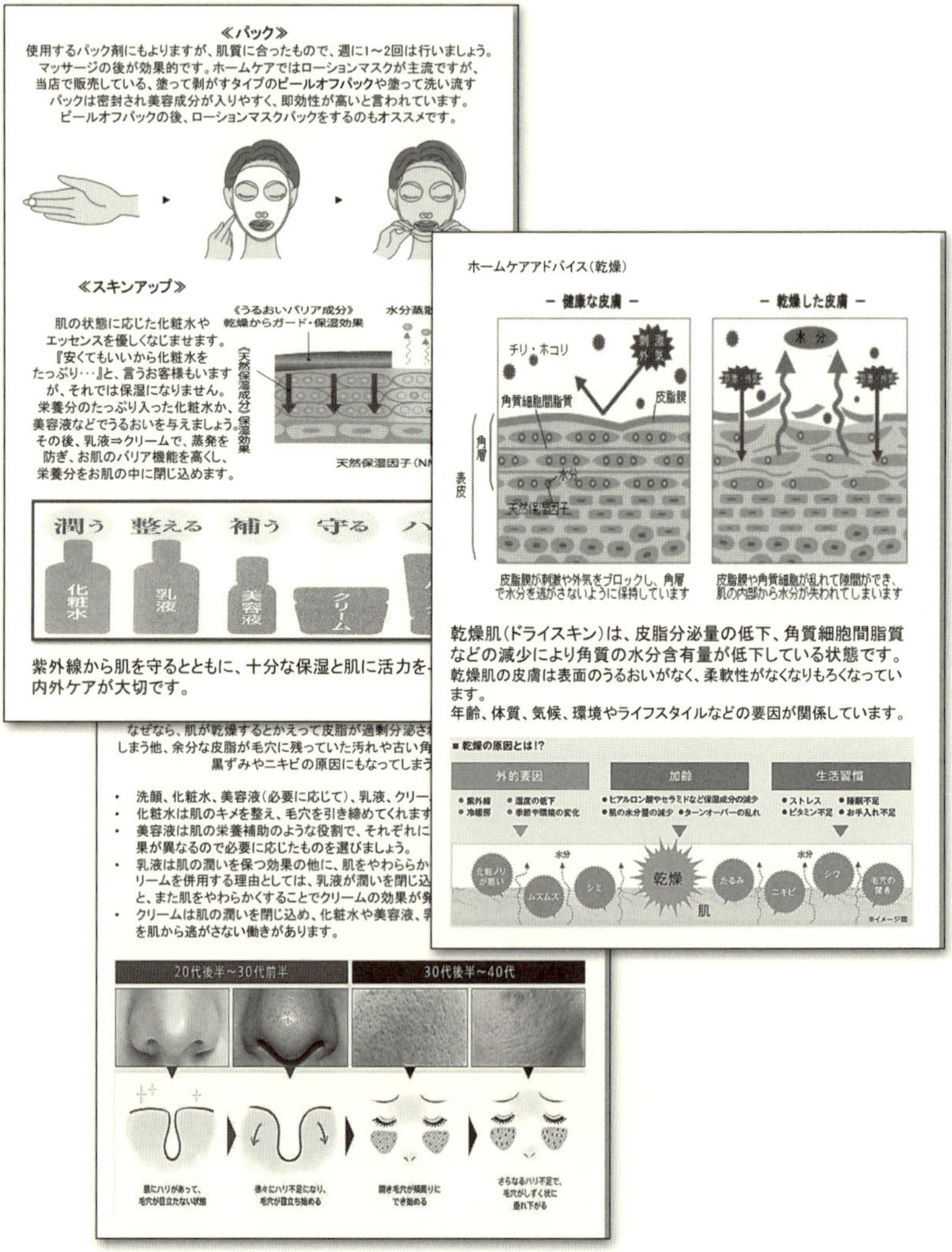

≪パック≫

使用するパック剤にもよりますが、肌質に合ったもので、週に1～2回は行いましょう。
マッサージの後が効果的です。ホームケアではローションマスクが主流ですが、
当店で販売している、塗って剥がすタイプのピールオフパックや塗って洗い流す
パックは密封され美容成分が入りやすく、即効性が高いと言われています。
ピールオフパックの後、ローションマスクパックをするのもオススメです。

≪スキンアップ≫

肌の状態に応じた化粧水やエッセンスを優しくなじませます。『安くてもいいから化粧水をたっぷり…』と、言うお客様もいますが、それでは保湿になりません。栄養分のたっぷり入った化粧水か、美容液などでうるおいを与えましょう。その後、乳液⇒クリームで、蒸発を防ぎ、お肌のバリア機能を高くし、栄養分をお肌の中に閉じ込めます。

《うるおいバリア成分》
乾燥からガード・保湿効果
水分蒸
《天然保湿成分》保湿効果
天然保湿因子（N

潤う　整える　補う　守る　ハ
化粧水　乳液　美容液　クリーム

紫外線から肌を守るとともに、十分な保湿と肌に活力を
内外ケアが大切です。

なぜなら、肌が乾燥するとかえって皮脂が過剰分泌さ
しまう他、余分な皮脂が毛穴に残っていた汚れや古い角
黒ずみやニキビの原因にもなってしまう

- 洗顔、化粧水、美容液（必要に応じて）、乳液、クリー
- 化粧水は肌のキメを整え、毛穴を引き締めてくれます
- 美容液は肌の栄養補助のような役割で、それぞれに
果が異なるので必要に応じたものを選びましょう。
- 乳液は肌の潤いを保つ効果の他に、肌をやわららか
リームを併用する理由としては、乳液が潤いを閉じ込
と、また肌をやわらかくすることでクリームの効果が発
- クリームは肌の潤いを閉じ込め、化粧水や美容液、
を肌から逃がさない働きがあります。

20代後半～30代前半　30代後半～40代

肌にハリがあって、毛穴が目立たない状態
徐々にハリ不足になり、毛穴が目立ち始める
開き毛穴が頬周りにでき始める
さらなるハリ不足で、毛穴がしずく状に垂れ下がる

ホームケアアドバイス（乾燥）

－ 健康な皮膚 －　－ 乾燥した皮膚 －

チリ・ホコリ
角質細胞間脂質
皮脂膜
角層
表皮
水分
天然保湿因子
水分

皮脂膜が刺激や外気をブロックし、角層で水分を逃がさないように保持しています
皮脂膜や角質細胞が乱れて隙間ができ、肌の内部から水分が失われてしまいます

乾燥肌（ドライスキン）は、皮脂分泌量の低下、角質細胞間脂質などの減少により角質の水分含有量が低下している状態です。
乾燥肌の皮膚は表面のうるおいがなく、柔軟性がなくなりもろくなっています。
年齢、体質、気候、環境やライフスタイルなどの要因が関係しています。

■ 乾燥の原因とは!?

外的要因
- 紫外線
- 冷暖房
- 湿度の低下
- 季節や環境の変化

加齢
- ヒアルロン酸やセラミドなど保湿成分の減少
- 肌の水分量の減少
- ターンオーバーの乱れ

生活習慣
- ストレス
- ビタミン不足
- 睡眠不足
- お手入れ不足

化粧ノリが悪い　ムズムズ　シミ　乾燥　たるみ　ニキビ　シワ　毛穴の開き
水分
肌
※イメージ図

39 次回の来店予約を80%確実にする方法

リピート率100%にするには

私がサロンをオープンした当初は、新規のお客様の月平均来店数は10人未満でした。それが現在は、リピーターのお客様で1ヶ月先くらいまで予約で埋まるようになりました。

開店時から私は、サービス内容を充実させ、お客様を確実に満足させることを徹底してきました。その結果、多くのお客様がリピートしてくださるようになり、相乗効果として新規のお客様も月平均で40人ほど来店されるようになりました。

リピート率を上げ、離反客を減らすために必要なのは、来店されたお客様をいかに大切にするかです。それと同時に次回の予約を獲得することが、お客様を維持するのに必須になります。来店されたお客様の次回の来店予約を確実に取ることができれば、リピート率は100%になるのはご理解いただけるでしょう。

お客様が「また来たいな」と心の中で思っても、それは約束ではありません。次回の予約を入れていただいて初めて約束になり、**お客様は約束をしたことでサロンを意識する**ようになります。

そしてサロンの印象が強くなるメリットもあります。

しかし、帰り際に次回の来店予約を促進しているサロンはほとんどありません。きっと、お客様に次回の来店予約を促すのは悪い気がするのでしょう。

そんなサロンに私は、物足りなさを感じます。せっかく施術を受けて気持ちが高ぶっているのにもかかわらず、何のアドバイスや提案もないまま、お客様は会計して帰ってしまうのです。そのときになぜ、次回の予約を促さないのでしょうか。

その後、サンキューレターや定期的にキャンペーンなどのＤＭが届いても、なぜかそのフォローはお客様の心に響かないのです。

次回予約を取る３つの方法

そうしたサロンと私のサロンとでは何が違うのかと考え、探ってみると、あることに気がつきました。それは「自信」です。

私のサロンでは、**お客様に合った適切な来店サイクルを自信を持って提案している**から、定期的に継続して来店されるお客様が増えてきたということです。決して無理やり予約を強制しているわけではなく、お客様自らが喜んで次回の予約を入れていってくださるのです。

では、どうしたら次回の予約が取れるのかをお伝えしましょう。

①悩みが引き起こされる原因と改善提案とともに、次回の来店日を必ずカレンダーを見せてお伝えする

・お客様が納得するサロンに通う理由を伝える

・次回来店の日をサロン側が提案、提示する

②お客様にとって次回予約をするメリットを明確に伝える

・次回の予約を取ると得になること（5章の「私の店の4つの再来店促進ツール」を参照してください）を伝える

・「早めにご予約で埋まってしまいますので、前もってご予約いただけますと、ご希望の日時にご案内できます」とお客様の立場で、確実にご案内したいという気持ちを伝える

③次回の予約を促して断られたパターンを把握して対策を講じる

・「仕事のシフトがわからないから」「予定がわからないから」と次回予約を断るお客様も多いが、「そうですか、ではまたお電話でのご予約をお持ちしていますね」で終わりにしてはいけない。予約が後からでは取りにくいことで断ることが続くと、お客様は離れてしまう

・そのお客様が、いつもどのくらいの来店頻度なのか、来店する曜日や時間帯などを把握しておき、「○○さんは毎回、○曜日の○時ごろに来店されることが多いですよね。この日あたりに予約

を入れておきますか」とカレンダーを見せてお伝えすると、「確かにそうだね。じゃあ、その日に予約を入れておいてください」とスムーズに決まりやすい

この3つのことを意識して実行することで、約80％のお客様が次回予約を入れてくださいます。そして次に大切なのが、予約後のフォローです。そのお客様が予約日を忘れてしまってはキャンセルになってしまいます。そこで当サロンでは、**予約確認メールを前日の夜と当日の朝に2回送り、未然にキャンセルを防ぐ**対策を取っています。

このように、キャンセル率を下げるのも、お客様を維持することにつながるので、対策を練るようにしてみてください。

大切なお客様を意識的にえこひいきする

特別感を演出する効果

お客様には平等に接して差別してはいけないと言われます。私も確かにそのとおりだと思います。お客様によってサービスの質を落としたり、関心を持たなかったりしてはいけません。

しかし、サロンの売上げに貢献してくださっているお客様、年間をとおして来店回数の多いお客様を選び、**特別な対応やサービスを付加する**ことは間違いではありません（1章の「新規集客よりも既存客を大切にする理由」を参照してください）。

利用したことがある人はご存じでしょうが、空港にはVIPラウンジという、お得意様だけが入れる特別なラウンジがあります。そこではビールやソフトドリンク、軽い食事などが無料で提供されるのです。それに加え、搭乗ゲートも別になっており、並ぶことなくスムーズに案内され、飛行機に優先搭乗できます。

これは明らかな差別でえこひいきです。そういうことをあからさまにやっているのが、日本を代表する航空会社です。そうされることによって特別扱いされたお客様は優越感に浸り、優雅な気持ちで空の便を利用でき、満足度が上がるのです。

また、まだＶＩＰになっていない人は、条件を満たそうとその航空会社を心がけて利用するようになります。

つまり、お客様を差別し、特別感を演出することは、「自分は特別な存在なんだ」という感覚を与え、「あなただけ」という優越感は、満足度を確実に上げることができるのです。

サロンでは新規のお客様に力を入れがちですが、何度もリピートしてくださっているロイヤルカスタマーのお客様は、特別扱いをしなくては離れていってしまいます。

特別扱いでファンが増える

例えば私のサロンでは、ＶＩＰ会員の約20名のお客様には、感謝の意を込めて年末にその方の名前入りカレンダーを制作してお渡ししたり、誕生日には特別な裏メニューをご紹介して、大変好評をいただいています。

また、直近3ヶ月以内に3回来店されたお客様には、ニュースレターをお送りし、お得な情報やチケットの発行、スタッフのプライベートの話などでサロンを身近に感じてもらうように工夫しています。

もちろん、ＶＩＰではないお客様に不満を与えてはいけないので、あからさまではなく、あくまでもさりげなく配慮しています。

特別感や「あなただけ」は、新規のお客様でも誕生日や記念日サプライズを忘れず、お花を用意したり、ブランドのハンカチなどをお渡ししています。

現在はVIPではなくても、今のサービスが未来のVIP、コアなファンにつながるのですから、失礼のないように注意が必要です。

大切なのは、お客様を維持し、固定化させることです。お客様は特別扱いされればされるほど、サロンのファンになってくださるのは明らかです。


このような気づきを与えてくれたのが、ビジネス書の有名な著者である高田靖久先生です。

私が初めて高田先生の本に出会ったとき、目から鱗の内容で衝撃を受けたことを今でも忘れていません。

セミナーにも参加し、「お客様をえこひいきする」という常識から外れた言葉が私のサロンを奮い立させ、セミナーで学んだ「えこひいき」をそのまま実践した結果、リピーターが増え、固定客が根づき、サロンの売上げが17倍になったという事実は、高田先生のおかげであることは言うまでもありません。

高田靖久先生の著書

『お客様は「えこひいき」しなさい！』
(中経出版)

お客様を認識する仕組みこそが商売の本質である、と本書は言う。認識とはどのお客様がサロンのファンなのかを知ることであり、方法は様々だが「あなたは他のお客様とは違って、特別なお客様ですよ」という気持ちをその方にわかってもらうのが大事なこと。飲食店や旅館、美容室などが実践し、売上げを確実にアップするためのノウハウが詰まっている。

『「1回きりのお客様」を
「100回客」に育てなさい！』
(同文舘出版)

新規集客に「価格」は関係がない、「価値」が大切だ、と多くの実例を載せて紹介している。値引きをしないとお客様が集まらない……ではなく、あなたの店の価値を明確にし、それを伝えることが新規集客の極意であると学べる著作である。ぜひ一度お読みになることをおすすめする。

高田靖久「顧客管理士」事務所 3 × 3JUKE
(インフィニティイノベーション株式会社)
(takatayasuhisa.com)

41

お客様が次回予約を決めるクロージング術

クロージングの目的とタイミング

一般的にクロージングとは、「購入につなげる」「契約を取る」ことを言いますが、サロンでも同じです。コースや回数券の販売、商品の購入や次回予約を取ることで、お客様に繰り返しリピートしてもらえるようにするのがクロージングの目的です。

つまり、お客様に当サロンを選んでもらう最後の総まとめということになります。

お客様は、サロンの料金が安いから通うのではなく、立地がいいから選ぶわけではありません。実際に私のサロンは、他のサロンよりも高料金を設定していますし、立地も駅から徒歩15分ほどかかる場所で営業しています。それでもオープンから業績が17倍になり、経営を続けてこられたのは、ほとんどのお客様が繰り返し来店され、口コミや紹介で新規のお客様も増えているからです。

お客様にどんな悩みがあるのか、どんなニーズがあるのかをカウンセリングでしっかり把握したうえで、エステティシャンの知識をお客様にわかりやすく説明し、納得してもらった状態でクロージングに入らなくてはなりません。

そして、エステティックサロンに通う魅力と理由を、お客様に響く言葉を使って提案をすることが大切になります。その際にはお客様に考えてもらえる「言葉」とイメージしていただく「時間」が重要になります。

クロージングでお客様に言ってはいけない言葉

・いかがですか？
・どうですか？
・よかったら～みませんか？
・もし、よかったら考えておいてください

こうした言葉は、もしお客様が「また来店したい」とすでに決めているなら使っても問題はないのですが、まだ迷っている人には、一気に不安にさせてしまうひと言になってしまいます。

「いかがですか？」「どうですか？」「よかったら～みませんか？」は一見、お客様に考えてもらう質問に見えますが、これらの言葉はエステティシャンの自信がないために、悩んでいるお客様に答えを求めてしまっている結果になっています。

悩んでいる、迷っているお客様には自信を持って提案しなくてはなりません。

例えば、「次のご予約はいかがなさいますか？　よかったら入れていきませんか」と言うと、「検討してあらためて予約します」となってしまいます。

しかし自信のあるエステティシャンは、「お悩みを改善するには定期的に通っていただくことでだいぶきれいになっていきますよ。次のご来店は肌サイクルに合わせ、2週間後のこの日が目安になります。事前のご予約を入れることで特典もついてくるんですよ。今のところ、まだこの時間は空きがありますので、ご予約をお取りしておきますか」と言い切ります。

お客様は、通うときれいになれる、得をすることをイメージして、「はい、予約をお願いします」となるのです。このイメージをお客様が浮かべている間、エステティシャンは邪魔をしてはいけません。沈黙が続いたとしても、イメージしているわけですから、遮ってはいけないのです。

その沈黙が我慢できなくて、「もしよかったら考えておいてください」と言ってしまうと話はそこで終わってしまい、次につながる確実な予約はなくなります。

クロージングでは自信を持って言い切ることです。迷っている人には言い切ることが有効だということです。

しかし、言い切るということは、何かあった場合には逃げ道がなくなるので、デメリットもあることも覚えておくといいでしょう。

42

とことん「ここまでしてくれるの!?」が私のサロン流

些細なミスでも積み重なれば……

私のサロンでは、お恥ずかしいことですが、お客様にご迷惑をおかけすることがあります。いわゆる「ミス」です。今まで大きなクレームに発展したことがないのが幸いです。

すでに長年サロンを営業している先生方でも、些細なミスはないとは言えないはずです。

しかし、「お客様の予約時間を間違えて取ってしまった」「お釣りを間違えてしまった」「次の予約のお客様を待たせてしまった」「名前を間違って呼んでしまった」など、大きなミスではなくても、些細なミスが積み重なれば、お客様は不満が溜まって離れてしまいます。

信頼関係が築けていると思っていても、お客様はあくまでもお客様、料金を払っているわけですから、許せることと許せないことがあります。

私のサロンでは、オープン当初から24時間体制でいつでも電話を取れるようにしています。

施術を受けた後、体調が悪くなったり、赤みが出てほてっている、つけたエクステンションが痛いなどの反応が出ることがあります。お客様の立場から考えると、きっと不安な気持ちで1人過ごしていることでしょう。ですから、夜中でも明け方でもいつでも電話がつながる状態にして対応しています。お客様にも「何かあればすぐに対応しますので、いつでもいいのでご連絡ください」と伝えています。

あるときこんなことがありました。

休暇で北海道にいた私は、前日に施したエクステンションで目が痛いから見て欲しいと言われ、お客様のために急いで帰りました。その方のご自宅に行ってまず謝罪をし、状態を見ると、「痛かったけど、先生が来てくれて安心したので、少し落ち着いたから大丈夫です。しばらく様子を見ます」となりました。

こういったケースでは、まず**不安を安心に変える**ことが一番です。

金額のミスがあったケースでは、お客様は当初、相当ご立腹でした。私は何とか謝罪したいという気持ちだったので、何回断られても連絡を取り続け、やっと夜中にアポを取ることができました。そしてご自宅まで行き、心から謝罪させていただきました。

でもその方は、会った瞬間、「そこまでしてくれるとは思わなかったよ」と言ってくださり、「ミスをしたっていいけど、そのあとが重要だ」と、クレームの対応の仕方やビジネスについていろいろとアドバイスしてくださったのです。

感動の愛猫失踪事件

私の「ここまでしてくれるの⁉」は、些細なミスでもお客様のご自宅まで行き、謝罪をします。お客様には「こんなことまでしなくてもいいのに」と言われますが、ちょっとしたミスが原因で離客する可能性もあります。ミスを犯したなら、行動で返すしかないと思っています。

もちろん、ミスをしないことが一番です。心に余裕を持って、1人ひとりのお客様に集中することが大切です。

こんな話も最近ありました。

大事に飼っていた猫がいなくなってしまったと、お客様は心配で今にも泣きそうな顔をしていらっしゃいます。そこで私にもできることはないかと考え、いなくなった猫の写真をいただき、チラシをつくり、サロンのお客様に見ていただくようにしました。

情報を集めてくださる方や、お手伝いしますと言ってチラシを持って行かれる協力者が増え、約1ヶ月後に目撃情報が入り、無事確保できたとの連絡をいただときには、お客様と一緒にウルウルと泣いてしまいました。

クレームやミス以外でも、「私の（僕の）ためにここまでしてくれるの⁉」という行動は感動を生み、お客様を維持していくために絶対に必要です。

43 小さな不満のタネとなるエステティックサロンでのNG集

前述したように、小さな不満やストレスが積もることで、お客様は店から離れてしまいます。1回嫌な思いをしたからといって、もう二度と店に現われないということは、ほとんどありません。恋人同士や夫婦間でも同じように、小さな不満が塵となり、その塵が積もって山となって離れてしまうのです。

そこで覚えておいて欲しいのが、次ページのようなエステティックサロンでのNGです。自分のサロンやあなた自身、こうしたことに心当たりはないでしょうか。お客様はいつもこういう目で、店やエステティシャンを見ているのです。

ついついやってしまうことや、気がつかなかったけれどそういうことがある、と思った方は、ぜひ参考にして大切なお客様を維持していくために役立ててください。

エステティックサロンNG集

- □バタバタしていて落ち着かない
- □ダラダラしてエステティシャンに活気がない
- □サロン内に活気がない
- □サロンスタッフが疲れている、健康的な印象ではない
- □肌や身体のラインがプロと思えない
- □笑顔がない
- □発展性が感じられない
- □こちらに興味を持っているとは思えない
- □本気で仕事をしているとは思えない
- □こちらのマイナスばかり指摘する
- □上から目線でものを言う
- □機嫌がよかったり、悪かったりと安定していない
- □テンションが高くて疲れる
- □余計なことまで入り込みすぎる
- □なれなれしい
- □担当者以外のスタッフの態度に気配りが感じられない
- □急いでいるときに急いでくれない
- □疲れているのに放っておいてくれない
- □他のお客様には商品の紹介をするが、私には紹介してくれない
- □以前のマイナスな話題を蒸し返す
- □決めつけたものの言い方をする
- □他のお客様の話をする（実名・金額がわかる＝自分のことも他人に公表される不安を感じる）
- □スタッフ同士の会話とお客様との会話にギャップがありすぎる
- □何度も同じことを聞く
- □話をさえぎる
- □プロとは思えない会話をする（ビジネスマナー・カウンセラーの守秘義務）
- □主婦感覚の話が多い（リラクゼーションから現実に引き戻される）
- □美容知識を押しつける
- □自信のない内容に対して調べようとはせず、その場しのぎでやりすごそうとする
- □今どきの話し方で耳障り
- □暗い、不明瞭、否定的な話し方で気が滅入る

7章

サロン発展のために
スタッフ教育で
一番大切なこととは

44

スタッフ育成のために「見て覚えろ」の時代は終わった

スタッフ教育、スタッフの育成はサロンにとって永遠の課題です。サロンオーナーが1人で頑張っても、スタッフがついてこなければサロン全体が潤うことはありませんし、経営を長く続けていくためにも後継者の育成は欠かせない問題です。

そこで本章では、スタッフ教育について述べていきましょう。

悩み多きエステティシャン

人は生きていく中で、非常に長い時間仕事に携わりますから、仕事を楽しめるか楽しめないかで人生が大きく変わると言っても過言ではありません。

たとえ自分の進んだ道が好きな職業だったとしても、楽しいと思えないこともあるでしょうし、気持ちが折れることもあることでしょう。では「なぜ」楽しめないのか、気持ちが折れてしまうのかと言うと、仕事には「相手」がいるからなのです。

お客様はもちろんのこと、同僚スタッフだったり、上司や部下だったり、**「人」が関わるから、**

悩んだり不安になって仕事を楽しめなくなるのです。

エステティックの仕事を志すにあたり、働く想いは人それぞれでしょうが、自分の手で「お客様をきれいにしてあげたい」「癒してあげたい」という気持ちは必ずあるでしょう。

その気持ちを強く持っている人ほど、不安になることが多くあり、壁にぶつかりやすい傾向があると思います。

とくに入社したばかりの新人時代はそうです。不安だらけなのです。サロンの雰囲気や空気を感じつつも何をしていいのかわからない。雑用ばかりでほったらかし、自分は何を目指しているのか見失いやすく、わからなくなってしまうのです。

20数年前、美容師の修業時代の私がそうでした。

私は以前、美容師をしており、修業時代は当時勤めていた美容室で寝泊まりをして、3日で辞めたいと弱音を吐いたくらい、先輩たちに厳しく指導されました。

「技術は見て盗んで覚えるものだ」「教えたことは1回で覚えなさい」と、できなければ頬を平手打ちされることもありました。お給料は月給6、7万円だったと記憶しています。

今では考えられないような時代でした。正直、楽しいと思えることは何もなく、朝起きるとお腹が痛くなり、「辞めたい」「お店に出たくない」という気持ちと、「怒られるから行かなくては」という気持ちの葛藤でした。

これからのスタッフ育成

このような「仕事は黙って見て覚えろ」の時代は終わったと思う反面、「学ぶ」は「真似る」からきているように、今の時代も先輩たちの仕事ぶりを凝視し、耳や肌で感じることは自分のスキルアップのためにとても大切なのではないかと思います。

しかし、スタッフの意欲を上げるには、今の時代「見て覚えろ」一辺倒では、ついてくることはおろか、最悪、辞めたいと思う気持ちが芽生えてしまう結果になってしまいます。

スタッフを育成していくために大切なのは、**仕事に対する不安要素を1つひとつ取り除いてあげる**ことではないかと思います。

お客様に接する不安、同僚、上司、部下に対する不安を聴き出し、やる気を起こさせ、進むべき道に誘導してあげることが、サロンの発展につながっていくカギとなります。

スタッフをどのように成長させていくかを私のサロンを例にしてお伝えしましょう。

スタッフを輝かせながら成長させる秘訣

信用して責任を持たせる

スタッフを成長させる一番のポイントは、**経営者やオーナーがスタッフを「信用」する**ことです。教育の部分で絶対に教えなければならないこと、直さなくてはいけないところ以外は、基本的に見守るように、ほぼ口を出さずにスタッフが考えたことを信じて行動させてあげるのです。もちろん、企業理念、ミッション、優先行動指針がスタッフ全員に浸透したうえでの話です。

「何のためにサロンが存在しているのか」
「目指す方向性」
「仕事を進行するうえで忘れてはいけないこと」

この3つのことをスタッフ全員が理解していれば、入社したての新人もベテランスタッフも、考え方や行動のバラつきがなく、同じ方向を向いていくことができるのです。

私のサロンでは、来店されるお客様すべてに「癒し」と「健康」と「美」の3つを提供することをお約束しています。1つ欠けてもだめということです。これを提供することにより、目指す方向は、お客様にとって**安心して一生通えるサロン**にすること、お客様1人ひとりにとって「オンリーワン＝私だけのサロン」となることです。

これを実現するために、当店には、

「良心に恥じない行動を心がける」

「常に明確な目標［戦略］を持ち、誰にも負けない努力をする」

「人頼りをやめ、常に主体的にやる姿勢を貫く」

など、次ページのような10項目の優先行動指針があります。

何でもかんでも指示をしたり、口を出すのはスタッフを信用していない、任せられない意識の現われです。これでは指示待ち人間を育て、モチベーションを下げてしまいます。このような指導方法では結果的にCS（顧客満足度）に対する意識が低くなり、サロンの損失になります。

未熟なスタッフを信用し任せるのはリスクもあり、不安を抱くのは当然ですが、先ほどの3つのことが徹底されて浸透していれば、「お客様のために自分ができること」に誠心誠意、努めることができますから、まずはスタッフに責任を持たせることをおすすめします。

Platinum earth の優先行動指針

行動指針

1. 良心に恥じない行動を心がける
2. 常に明確な目標 [戦略] を持ち、誰にも負けない努力をする
3. どんな困難・悪条件も前向きに受け止め、それが自己の成長と心得、感謝の念で取り組む
4. 人頼りをやめ、常に主体的にやる姿勢を貫く
5. 本当の悦びとは、他人の悦ぶ姿を味わうことであり、自分もよし他人もよしを実践する
6. 元気な声で挨拶し、明るい雰囲気で言葉遣いに注意し、思いやりの心で接する
7. 約束した目標を確実に果たし、報告・連絡・相談を習慣化する
8. 時間を有効に活用し、かつ時間厳守、遅れるとき、変更等は必ず連絡する
9. 知行合一・言ったことには責任を持つ
10. 整理・整頓・清潔を心がける

スタッフが自分自身を磨き、成長する環境

私のサロンでは新人でもプロとしてデビューしたら、信用してすべて任せています。新人はまだ経験が浅い分、お客様に喜んでいただこうとした行動が、ときにはミスや失敗につながることもありますが、決して一方的に叱ることはしません。

なぜミスや失敗をしてしまったかを気づかせるように、サポート役として根気よく理解できるようにするのです。**自発的な思考や行動を育てていく**ことで、ミスや失敗を怖がらず、自信を持って楽しくのびのびと接客に当たることができるようになっていきます。

信用されるということは、働くスタッフの大きな自信となり、任されていることで自立した思考になっていくのです。思考が自立することで、働き方が変わってきます。たとえ雑用でも、やらされている感覚ではなく、働くことに喜びややりがいを感じてくれることでしょう。

私自身はサロンにいる時間があまりなく、スタッフとのコミュニケーションを取る時間が少ないと自覚しているので、「信用しているから安心してサロンを任せられるのよ」と言うだけですが、スタッフたちは自分自身を磨き、日々成長しています。

どんなに教育に力を入れても、信用、信頼がないと絶対に自立心を育てることはできません。

スタッフ1人ひとりがイキイキと輝くことで、どんないい影響があるかを、今一度、考えてみてはいかがでしょうか。

46

たかがエステティシャン、されどエステティシャン

お客様の人生を前向きに変えることができる職業

「どんな仕事も自ら尊いものにできる」とある方から教えていただいたことがあります。

エステティックの仕事は、技術職でもあり接遇でもあります。人の肌や心に触れ、大きく言えば、お客様の人生に深く関わる尊い仕事です。

お客様の肌や身体の悩みを改善し、美しくし、さらに疲れた心を癒すことで、気持ちが自然と明るくなり笑顔が増えるのです。そんな、お客様の人生を前向きに変えることができるのですから、本当に素晴らしい仕事です。

お金をいただきながらお客様に喜んでもらい、心から「ありがとう」とお礼まで言っていただける価値のある仕事は、エステティック業だけではないか、と私は思っています。

エステティックの仕事を通じて「あなたの周りは笑顔でいっぱいになる」

エステティシャンは不特定多数のお客様を担当するわけですから、サロンにマニュアルがあっ

たとしても、いつもそのとおりにはいかないのが当たり前です。

そのときは、「どうしたらいいのか」「自分にできることは何か」を自ら考え、経験やアイデアを活かし、1つひとつクリアしていくことで達成感を得られますから、経験を重ねれば重ねるほどやりがいにつながり、「自分の喜び」となって楽しくなります。

スタッフにエステティックの仕事に誇りを持ってもらうには、**「人に喜んでもらうこと」をたくさん経験する**のが一番だと思っています。人に喜んでもらう、感動してもらう、「ありがとう」って言ってもらえることは誰でも嬉しいはずですし、好きなことだと思います。

あなたがエステティックの仕事を通じて、「ひとつの笑顔が次の笑顔につながり、その笑顔が広がっていくと、あなたの周りは笑顔でいっぱいになるんだよ」と伝えてあげればいいのです。

そのように伝えて、「お客様にできること」を経験を積みながら増やしていくことで、それがスタッフの大きな価値となり、誇りとなるのです。

エステティシャンとしての誇りを!

日本では、エステティック業についての正しい理解度が低いために、まだ社会的地位が低く、たかがエステティシャンといまだに馬鹿にする人もいるかもしれません。

しかしエステティックは、医療に準じるほど質の高い美容行為なのです。その証拠に、フランスを初めとするヨーロッパでは、医師と同じくらい社会的地位が高く、信頼があり評価されている職業なのです。

たかがエステティシャン、されどエステティシャン。その真のところは、奥が深く夢と誇りを持てる責任のある仕事だと私は思います。

「お客様の役に立つ」
「お客様に喜んでもらう」
「お客様に楽しんでもらう」

相手がなく、1人で黙々とする仕事や流れ作業の仕事は、飽きずに続けるのはなかなか困難です。しかし、日々お客様と寄り添い、一緒に喜び、楽しめるエステティックは、決して飽きることのない仕事だということです。

エステティックという仕事を好きになればなるほど、どんどん深く追究したいと思うでしょうし、お客様のために進化し続けたいという気持ちになるでしょう。

スタッフに「エステティックは素晴らしい仕事だ」と誇りを持ってもらうことは、サロンの活性化につながっていきます。

47 サロンの顔として プロの自覚を持たせる

プロとしての姿勢とはどういうものか

お客様に技術やサービスを提供するうえで、とても大切な心がまえがあります。それは、エステティシャンがプロとしての意識を持っているかどうかです。それによって、お客様の反応や信頼度が変わってくるのです。

プロとして日々技術の腕を磨いたり、専門知識を身につけることは、お客様からお金をいただくのであれば当然のことです。でも、そういうことではないのです。

大リーガーのイチロー選手は、プロ野球選手として長く現役で活躍を続けています。チームやスポンサーからもう使えないと言われれば、本人がいくらやりたいと願っても引退するしかない厳しい世界の中で、どうして42歳のイチロー選手が、誰もが去っていく年齢でも現役として必要とされ続けているのでしょうか。

当たり前のことですが、プロですから、毎日トレーニングをして日々技術面の力をつける努力をしています。しかし、それだけではやがて後輩選手や若手選手に追いつかれ、追い越されるはずです。では何が違うのかと言うと、イチロー選手は、プロとしての意識が人並外れて高いのです。例えば、毎日の行動パターンを、食事内容、ストレッチの順番も含め、細部に至るまで変えないそうです。それは、決まったことを毎日することで、細かい変化に気づくことができるようにするためです。さらに、自宅から球場までの車での移動では、リスクがないように決してルートは変えず、ケガをしないように階段は使わないなど、徹底して日々の生活のすべてを野球中心に考えて行動しているそうです。

また、体型も10年以上変わらず、グラム単位で体重を管理しているといった徹底ぶりです。このように用意周到な彼だからこそ、故障やケガもなく成果を出し続けられるのです。

私も、プロ意識とはこういうことだと思います。専門的な技術や知識を身につけること以外に、自分の仕事に責任を持つことが大切だということです。

スタッフ1人ひとりが店を代表している

エステティシャンとしてプロの仕事をするには、まず手が商売道具ですから、ケガをしない、手荒れをしないように手入れをして保護すること。体型や肌もお客様の見本となるようケアや維持を怠らないことや、体調管理を怠らないこと、などがあげられます。

また私のサロンでは、シフトで週休二日制としていますが、スタッフにはオフの日でも連絡がつくように言ってあります。これは、お客様が自宅に帰ってから、体調の変化や異常があった場合など、即対応をしなくてはならないことがあるためです。ですから定休日でも、電話を受けられる体制を取っています。

私が休みを取って北海道に旅行に行っていたときに、お客様からの電話1本ですぐに戻ったことは前述しました。これは最低限の約束事ですが、お客様が不安を感じないようにするために、オフの日であろうが、プロとして自分の仕事に責任を持つようにと自覚させています。

エステティックの仕事をする理由は人それぞれです。「生活のために仕方なく働いている」「趣味感覚でやっている」というのも私は決して否定しません。しかし、お客様の前に立ってもそんな姿勢が抜けないスタッフが1人でもいると、プロ意識を持って仕事をしているスタッフにとっては迷惑です。たまたま、そんなスタッフがお客様の対応をしたら、「ここのお店は……」と一発で悪いイメージが定着してしまいます。

スタッフ1人ひとりが、**「自分がこのサロンの顔なのだ」**とプロとしての意識を高く持つことでサロン全体のイメージが上がってきます。

どんな些細なことでもかまいません。スタッフみんなで、「プロとしての責任とはどういうものか」を話し合う機会をつくってみてください。多くの気づきがあるでしょう。

48

経営者は脇役、スタッフを主役に立てる

スタッフが主役となることでサロンは発展する

サロン経営では1人の力だけでは限界があり、どんなに頑張っても1人分の業績しか上げられません。しかし、メンバーが複数になればどうでしょうか。業績を上げられるスペシャリストのスタッフが増えれば増えた分、サロン経営にとって大きなメリットになることでしょう。

そこで、業績を上げられるスタッフの育成が欠かせないですが、スタッフを育成するうえで、心すべきことがあります。それは、**経営者がサロンの中で業績トップになってはいけない**ということです。もし、経営者であるあなたが一番だとしたら、残念ながら業績を上げるのはまだまだ先の話です。

なぜなら、経営者が業績トップでいた場合、周りのスタッフは経営者をサポートする役割になってしまい、表現はよくないかもしれませんが、単なるアシスタントとなるわけです。あなたがトップを譲らない限り、アシスタントであるスタッフは、絶対にスペシャリストとして育ちません。

経営者は、あくまでスタッフのサポート役に回り、何気なく自分の手柄をスタッフに譲ること

に徹するのです。

スタッフが少ない個人サロンであっても、ベッド数が少ない小さなサロンであっても、経営者やオーナーは希望や夢を持って、自分が開いたサロンをどんどん繁盛させていきたいと思っているはずです。そのためには、いつまでも自分がサロンの主役でいてはいけません。

自分の存在を小さくして、スタッフが主役となってイキイキと活躍できるように、道を切り開いてあげるようにすることが大事です。

次々にスタッフが育つシステムづくり

私の場合、オープン当初はスタッフを雇わず1人で始めたことから、馴染みの多くのお客様は、私が長く接客担当をさせていただいていました。

しかしスタッフが増えてからは、お客様に、「技術や接客はスタッフに安心して任せられますし、私よりも評判がいいんですよ。次は他のスタッフが担当させていただいてもいいかしら」と言って、少しずつ自分の担当しているお客様を減らし、スタッフに譲るようにしています。

当サロンでは指名制度を設けているので、担当を任されたスタッフは、譲ってもらったお客様が次は自分を指名してくれるよう信頼関係を深める努力をします。つまり自分の価値を高め、自分の強みを伸ばすことにも効果をもたらしているのです。

そしてさらに、スタッフリーダーが同じように自ら模範となり、新人や別のスタッフが仕事をしやすいように裏で環境を整え、いかにやる気を高めるかを考え、指名されていた自分のお客様を譲り与えているのです。

このようにスタッフが次のスタッフに、またそのスタッフが次のスタッフにつなげていくことで、途切れることなく業績を上げられる、スペシャリストのスタッフが育成されていくのです。

その効果として、上に立つ立場になったスタッフは、人間としても磨かれ大きく成長してくれるのです。

つまり経営者は、自分の業績や成果を分け与えながら、スタッフを通して成果を出していくように、道をつくってあげることに全力を注ぐことです。

49

思いやる気持ちがあれば小さな感情にも気がつく

サロンとしてのチームワークを大事にする

スタッフたちはサロンという決められた箱の中で、自分の家族よりも長く、一緒に過ごす時間を共有することになります。ですから、お客様に責任を持って接するという緊張感を保ちながらも、経営者を含めスタッフ全員が、チームとして居心地のよい人間関係を築いていかなくては何事もうまく回りません。

例えば、誰かが困っていても手を貸さない、フォローしない、励まさないスタッフたちだったらどうなるでしょうか。体調が優れないのを知っているのに見て見ぬふり、そのうえ無神経な言動があったらどうでしょうか。

きっと、サロンには笑顔が消えるでしょう。

エステティシャンに笑顔がない状態で、お客様を笑顔にすることはできないというのが結論です。人は自分の心が満たされていない状態で、周りの人の心を満たすことはできないからです。

誰もが思い当たることでしょうが、仕事が忙しく疲れているときやイライラして虫の居所が悪いときには、家族でも笑顔で接することはできません。「私、疲れているから」と、相手よりもまず自分、という意識が働いてしまうのではないでしょうか。そういったことが続けば、いずれ家族でもバラバラになりかねません。

これは職場であるサロンの中でも同じことです。スタッフの1人でも自己中心的な考えになってしまうと、チームとして心が合わなくなり、もめごとが起きたり、やる気をなくしたり、サロンがバラバラになってしまいます。

よい人間関係をつくっていくには、自分を大切にしながらも、優先的に相手を思いやる気持ちが大切になります。人を思いやるには、必ず関心を持って見ていなければなりませんし、常に小さな変化や感情を感じ取ることが必要になってきます。

そのために大事なのが、次のような心がけです。

- **相手の気持ちになって考える**
- **笑顔で接する**
- **相手の様子を気遣う**
- **自分の言葉や身だしなみなどのマナーに気を配る**
- **自分のマイナスの感情を表に出さない**

感謝の気持ちを伝える「ありがとう」「お疲れさま」

私のサロンでは、私が率先して何かあるたびに、「ありがとうございます」「お疲れさまです」と感謝の気持ちを伝えています。「ありがとう」「お疲れさま」と言われて返事を返さない人はまずいませんし、これが伝染していつの間にかスタッフ同士がお互いに労いの言葉を口にするようになりました。

もちろんこの思いやりの気持ちは、家族や子育てにも当てはまる、見返りを求めない心からの純粋な気持ちです。チームの一員としてそれぞれが人を思いやる気持ちが、どんな困難でも乗り越えられる強いチームワークをつくります。

人を思いやることは、当たり前のようですが、なかなかできないものです。チームとして何を目指していくのか、1つの目標を立てて、ぶれることなく心を合わせていくことで、スタッフそれぞれが人を思いやる気持ちを持てるようになっていくことでしょう。

人を思いやる気持ちを持つことで、人の小さな感情にも気づき、何か悩みがあるのか、心配事を抱えているのか、といったことをすぐに察することができるようになるのです。

スタッフが居心地のいいサロンと思ってくれる環境を整え、人間関係が上手くいかないといった理由での離職をなくしていきましょう。

50

どんな望みも叶える「絶対の魔法」とは？

成功した人のノウハウやスキル

私は幼いころから今日に至るまで、見渡せば、仕事で大きな結果を出している人が多く存在する、恵まれた環境にいます。その人たちの共通点は、自分のやってきた成功事例やスキル、経験を惜しみなく教えてくれることです。

本来なら、自分が時間と労力をかけて身につけたテクニックやノウハウは、他人には真似をされたくないから、教えたくないのが普通の考えではないかと思っていました。

成功事例を聞いて「よし、自分もやろう」と思う人は多くいるでしょうし、自分の知らなかったノウハウを聞いて、「そうか、これをやれば成長できる」とやる気になる人も多くいる、だから教えないほうがいいのではないか、と思っていました。

しかし、実際はそうではありませんでした。

私が、とある集客リピートセミナーに参加した際に、「来店されたお客様にお礼の手紙を書いていますか」との講師の問いかけに、「はい」と挙手をしたのは全体の10％くらいでした。「では、

3年以上続けていますか」の問いかけには、ほとんどの人が手をあげませんでした。

こういうことを目の当たりにすると、いいと思ったことでも本当に行動に移す人は意外に少なく、行動に移しても、ほとんどの人が言い訳を並べて途中で投げ出してしまうのが実際のところ、だから他人に自分のノウハウを教えても、自分の首を絞めるような支障は何もないのだと深く心の中で納得できました。

成功するには「行動」するしかない

仕事ができる人とできない人、結果が出る人と出ない人、お客様から必要とされる人とされない人、チャンスが巡ってくる人と巡ってこない人の違いは、シンプルなことで、**行動するかしないか**だと思います。スタッフが自ら行動に移すことが、人と差をつけられる大きな分かれ道になると言えるでしょう。

これに気づかされた私は、心がけていることがあります。

それは、人に聞いたことや本で読んだことで、**「いいな」と思ったことは、素直に実践してみる**ということです。やってみると空振り三振のこともありますし、ヒットのこともあります。ですが、自分ができることを自分という器の中でまずはやってみないことには、成功も失敗も学びもありません。

「やろう」と思っていたときの景色と、「やった」あとの景色はまったく違います。これはスタッフを見て感じることですが、やり続けている自信からくる気持ちの変化だったり、時間を有効に使うタイムマネジメント術だったり、思わぬ評価だったり、「やった」ことで得られるものは非常に大きいことがわかります。

最後に私がお伝えしたいことは、これからサロンを発展させたい、夢を叶えたいと願っているならば、絶対に**「行動」をする**ことです。頭で考えているだけでは何も現状は変わりません。成功者と呼ばれる人たちは変わることを恐れず、「行動」をしてきました。

世界一のお金持ちである、マイクロソフトの創業者ビル・ゲイツは、ハーバード大学を中退してまでも会社をつくりました。トーマス・エジソンも電球を発明するまでに1000回トライし続けました。

いかに勉強をしても、多くのセミナーに参加しても、行動に移さなければ無意味に終わってしまうのです。行動とは、魔法のようにあなたの未来を変え、運命までも変えてくれるのです。

この本を読んでいただいたのなら、その時間を無駄にして欲しくないのです。ここに書かれた内容をぜひ参考に行動をして、サロンの発展に役立てていかれることを心から願っています。

著者略歴

石川 佐知子（いしかわ　さちこ）

茨城県出身。美容業歴22年。トータルビューティエステティックサロン「Platinum earth」のオーナーであり、現在、3店舗のサロンを経営。また、「ttBs」つくばトータルビューティスクール代表講師を務めるとともに、「美・健康・癒し」をテーマに美肌アンチエイジングの講師として一般向けに講演活動を行なっている。2015年に日本サロンマネジメント協会認定講師となり、サロン経営者に向けてフェイシャルカウンセリングを指導している。

何不自由のない裕福な環境に生まれ育ったが、長い年月ひどいいじめを受け、入退院を繰り返すほど身も心もボロボロの状態を経験。その時期の唯一の光が美容師になることで、高校を中退して美容専門学校に入学。卒業後、美容室に正式に勤務。トップスタイリストになるまでの経験を積み、いじめを克服できる力もついたが、妊娠・出産を機に退職。その後、復職したが腱鞘炎がひどくなり、ハサミを持つことができず、まつげエクステを学ぶ。まつげエクステ専門サロン店長にスカウトされ、後に茨城・栃木をまとめるエリアマネージャーに昇格。
心機一転、「美を通じて人の心を豊かにしたい、人を元気にしたい、喜んでいただきたい」という気持ちで30歳でマンションサロンを起業したが、社会は甘くないことを身をもって経験し、多くの失敗からお客様が繰り返し来店してくださるカウンセリング方法や仕組みを学ぶ。店舗をかまえ6年目に業績17倍にアップ。現在は顧客数4000名を超え、リピート再来店率94%、ご紹介率67%と伸びている。

Platinum earth（プラチナアース）
公式HP　http://www.i-earth.jp
E-mail　info@i-earth.jp

お客様が途切れない店はこうつくる！

1人のお客様が100回再来店する店づくり

平成28年6月20日　初版発行

著　者 ―― 石川　佐知子
発行者 ―― 中島　治久
発行所 ―― 同文舘出版株式会社
東京都千代田区神田神保町1-41　〒101-0051
電話　営業03（3294）1801　編集03（3294）1802
振替 00100-8-42935　http://www.dobunkan.co.jp

 ISBN978-4-495-53461-5

印刷／製本：三美印刷　Printed in Japan 2016